PROFIL

Collection dirigée

VENDREDI
OU LES LIMBES
DU PACIFIQUE

TOURNIER

Analyse critique

par François STIRN
Professeur certifié

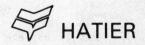

Sommaire

© HATIER PARIS SEPTEMBRE 1983

ISSN 0750-2516   ISBN 2-218-06382-4

Toutes les références à *Vendredi ou les limbes du Pacifique* renvoient à la collection Folio, n° 959, éditions Gallimard.

« L'*art* nous a été donné
pour nous empêcher de mourir de la *vérité* »
Nietzsche

Avant-propos :
un écrivain original

Michel Tournier connut d'emblée, d'entrée de jeu, la notoriété. Celle-ci passe souvent en France par l'obtention de prix littéraires. Or le grand prix de l'Académie française vint couronner le premier écrit publié, en 1967 : *Vendredi ou les limbes du Pacifique*. Quelques années plus tard, le prix Goncourt fut décerné à l'auteur du *Roi des Aulnes* (1970).

Mais les prix, s'ils activent un moment le marché du livre, ne sauraient suffire à assurer une célébrité durable : bien des « Goncourt » sont aujourd'hui oubliés. L'importance accordée à notre écrivain ne cessa quant à elle de croître, dépassa les limites de l'Hexagone : il est actuellement traduit dans plus de vingt langues, et un journaliste américain fit un petit scandale en décrétant que Michel Tournier était le seul romancier français valable de sa génération.

Certains prétendront expliquer l'audience de Tournier par la fréquence de ses passages à la télévision. Mais celle-ci indifférencie tout ce qu'elle donne à voir, peut-être parce que le contenu diffusé y compte moins que le moyen de diffusion. Selon la formule de Mac Luhan, « Le message, c'est le médium [1] ».

Or l'œuvre de Michel Tournier frappa d'abord par son *originalité*. Elle ne se situait, en effet, dans aucune des « écoles littéraires » du moment ; elle semblait, comme nous allons le voir, dépasser leurs antagonismes.

---

1. H.M. Mac Luhan (1911-1980) : sociologue canadien des média, auteur de *la Galaxie Gutenberg* et de *Pour comprendre les média*.

● « *Nouveau roman* » et « *réaction néo-classique* » [1]

Ce qui fut appelé, par goût des classifications commodes, le nouveau roman, imposait sa conception du récit en 1967, l'année où *Vendredi* fut publié. On proclamait « la mort du personnage », du moins du *personnage* psychologiquement cohérent ; on affirmait le caractère inutile, désuet, de *l'intrigue* ; on demandait à l'auteur de ne plus faire intervenir son *point de vue subjectif*, de s'effacer au profit de ce qu'il montrait.

Mais d'autres, par réaction, tentaient de revenir aux composantes traditionnelles du roman du 19ᵉ siècle. Les plus illustres étaient Antoine Blondin et Roger Nimier.

Vendredi parut relever d'abord de ce second courant. Mais, très vite, un doute s'installa. Michel Tournier ne faisait-il pas servir les formes consacrées du récit à des fins autres que celles poursuivies par les « classiques » du roman ? Car son propos était, comme il l'a écrit, « plus proprement philosophique » [2]. La métamorphose de Robinson n'est pas expliquée en termes psychologiques (par exemple, par ses complexes d'enfance) ou sociologiques (son milieu, sa classe, son époque), mais de façon philosophique : elle résulte de l'absence d'Autrui, et démontre ainsi, par l'absurde, la signification de sa présence pour l'existence humaine.

● *Roman philosophique et simple roman*

Soit, dira-t-on, mais on n'a pas attendu Michel Tournier pour marier littérature et philosophie : c'est un vieux couple qui a existé bien avant de prendre la forme moderne du « roman existentialiste [3] ». Sartre, le plus illustre des penseurs de l'existence, n'a-t-il pas écrit, à propos de Faulkner, qu'une technique romanesque résulte d'une métaphysique, c'est-à-dire d'une conception de la totalité de l'univers ?

---

1. Maurice Nadeau, *Le roman français depuis la guerre*, coll. Idées, Gallimard, 1970, p. 158.
2. Michel Tournier, *Le vent Paraclet*, Folio, 1138, Gallimard, 1977, p. 229.
3. Existentialisme : doctrine philosophique souvent illustrée par des romans ou des pièces de théâtre (Sartre, Simone de Beauvoir, etc.). Selon Sartre, l'homme, doté d'abord seulement de l'existence, se crée et se choisit ensuite en agissant.

Et « la réaction néo-classique », pour reprendre l'expression de Maurice Nadeau, s'insurgeait contre cette prétention au message doctrinal, contre le « roman à thèse », contre la « littérature de professeurs », trop sérieuse. Un roman ne doit être qu'une histoire distrayante et bien écrite, pas une interrogation sur le sens de ce qui est.

Mais, là encore, il semble que Michel Tournier invente une manière toute nouvelle d'associer le romanesque au philosophique. La preuve ? Il a pu faire de *Vendredi ou les limbes du Pacifique* une version pour enfants [1] qui amuse ceux-ci, les touche, les émeut, sans rien perdre de son contenu doctrinal. Imagine-t-on une version pour enfants de *la Nausée* de Sartre ou du *Procès* de Kafka ?

• Roman engagé et pur roman

Le débat était vif durant « l'après-guerre ». L'engagement de l'écrivain, dont Sartre avait affirmé la nécessité, impliquait que l'artiste exprime et transforme, par ses œuvres, la société dans laquelle il travaille. Cette position dérivait d'une idée de la liberté ; celle-ci suppose la responsabilité, et donc la prise en charge des problèmes, drames, affrontements de l'époque.

L'art « pour l'art », l'art gratuit, n'est qu'une autre façon d'intervenir : « Je tiens Flaubert et Goncourt pour responsables de la répression qui a suivi la Commune parce qu'ils n'ont pas écrit une ligne pour l'empêcher. » [2]

Ceux qui ne voulaient pas d'une telle conception trouvèrent leurs arguments dans un livre [3] de Julien Benda (1867-1956) paru en 1927. Dans cet ouvrage Benda dénonçait la démission des intellectuels, l'abandon de leur vrai rôle, - à savoir la défense de valeurs intemporelles -, leur soumission, à plus ou moins long terme, aux pouvoirs.

Michel Tournier peut sembler aux antipodes de l'écrivain engagé, soucieux d'exprimer les tragédies de son époque. Pourtant la solitude de Robinson est l'image de celle des membres des sociétés industrielles. Eux aussi, le sens

1. *Vendredi ou la vie sauvage*, Folio Junior, 30, 1971.
2. Numéro de présentation des *Temps modernes*, la revue créée par Sartre en 1945.
3. *La trahison des clercs.*

de leur travail finit par leur échapper. Ils découvrent alors à quelle impasse peut conduire l'effort pour dominer la nature et les autres hommes. Ils aperçoivent que les relations inter-humaines ne sont pas indépendantes des relations des hommes avec la nature, que la fraternité retrouvée suppose peut-être la communion avec le monde. Ils rêvent, comme Robinson, sinon d'une « autre île », du moins d'une société différente. *Vendredi* est, aussi, la description de notre « crise de civilisation ».

Mais la nouveauté de Tournier est de conférer aux drames sociaux ou psychologiques une portée métaphysique. La « crise de civilisation » dans *Vendredi*, la guerre dans *le Roi des Aulnes*, les difficultés de la vie gémellaire dans *les Météores* ne bouleversent pas seulement des groupes ou des individus. Elles mènent à mettre en question l'idée philosophique et religieuse, que se fait l'être humain quant à la signification de son existence dans l'Univers. Chaque homme est relié, en effet, à une Totalité plus vaste et plus fondamentale que celle de la société où il vit.

Michel Tournier apparut donc vite comme un écrivain très *original*, puisqu'on ne pouvait le classer dans aucun des « camps » en présence, qu'il allait au-delà des clivages existants. Ce qui fait qu'il intrigue souvent, irrite parfois, surtout ceux qui en sont restés aux vieilles querelles, suscite chez beaucoup une admiration passionnée. Il ne saurait laisser indifférent.

1 Biographie sommaire

DE L'ENFANCE A L'ADOLESCENCE
(1924-1942)

Michel Tournier naquit à Paris en 1924.

● *Les parents*

Ses parents s'étaient connus à la Sorbonne. Ils y étudiaient tous deux l'allemand. Mais ils ne l'enseignèrent qu'à leurs enfants qu'ils imprégnèrent de culture germanique, les emmenant faire de longs séjours outre-Rhin, leur apprenant très tôt la langue de Goethe. Ils respectaient ainsi une tradition familiale, transmise par un oncle, Gustave, prêtre et professeur à Dijon. Au cours d'un voyage, Michel, alors âgé de neuf ans, put observer des défilés nazis. Pensait-il déjà les nazis comme ces Ogres, soucieux de nourrir leurs canons de chair d'enfants, qu'il mit en scène dans *le Roi des Aulnes*?

Le père s'apprêtait à passer l'agrégation quand la guerre de 1914 se déclencha. Il fut mobilisé, gravement blessé, hospitalisé. Il renonça à être professeur, et créa une société de droits d'auteurs d'œuvres musicales dont l'objectif était de permettre à des artistes interprétés à l'étranger l'encaissement de leurs droits. Grâce à ce métier, il rapportait régulièrement à la maison des paquets d'enregistrements. Un « phono » devint « le jouet préféré »[1] de Michel. Certains disques, qu'il ne se lassait pas de réentendre, formèrent sa sensibilité. Ainsi aimait-il particulièrement écouter le numéro du célèbre clown Grock ; et il se mit à

---

1. Michel Tournier, *Le vent Paraclet*, Folio, 1138, Gallimard, 1977, p. 33.

« faire le clown » pour résister aux contraintes de l'univers adulte et, surtout, de l'école. Peut-être restera-t-il quelque chose du duo du clown blanc, brillant, élégant, léger, et de l'Auguste rouge dans le couple Vendredi-Robinson.

● *L'école*

Michel fut aussi mauvais élève que, plus tard, étudiant brillant. Cancre accompli, il termina rarement une année scolaire dans l'établissement où il l'avait commencée. La plupart de ses professeurs ne lui ont laissé que le souvenir de leurs tics. Les mathématiques lui inspiraient une horreur particulière.

De surcroît, *il lisait peu* ; les albums illustrés de Benjamin Rabier, des contes d'Andersen, quelques romans de l'Américain James Oliver Curwood (1878-1927), *le Merveilleux voyage de Nils Holgersson*, de la romancière suédoise Selma Lagerlöf (1858-1940), étaient ses ouvrages favoris. Tous ces livres mariaient le quotidien au fantastique, comme, dans ses écrits, Michel Tournier se plaira à le faire.

Michel apprit davantage, semble-t-il, dans l'officine de son grand-père, pharmacien à Bligny-sur-Ouche (Côte-d'Or), que sur les bancs de l'école. Sur les bocaux, les bouteilles, les étiquettes, des mots à la fois mystérieux et précis chantaient à l'oreille de l'enfant, lui révélaient, sans qu'il le sache encore, les attributs du langage poétique, du langage qu'il retrouvera pour écrire ses romans.

● *Quelques expériences décisives*

Cet « enfant coiffé », pour reprendre l'expression même de Michel Tournier, c'est-à-dire chanceux et protégé, fut marqué aussi, très tôt, par deux épreuves douloureuses qui lui donnèrent un vif sentiment de *solitude irrémédiable*. Celle-ci fut donc intensément et précocement vécue, soufferte, avant de devenir le thème essentiel des romans, longtemps après.

En novembre 1931, Michel, hypernerveux, maladif, fut envoyé, pour se reposer, dans un home d'enfants, à Gstaad. Il se sentit expulsé du « giron maternel », en exil, d'autant plus qu'un « grand » ne l'avait pris sous sa protection que pour le martyriser sadiquement. Il confère, quarante ans plus tard, à cet épisode une signification considérable, y voit « le début de la traversée d'un immense et terrible désert »[1]. L'expression se remarque d'autant plus que Michel Tournier est peu porté à l'emphase et à l'outrance verbale.

Quelques années auparavant, Michel, âgé de quatre ans, fut opéré des amygdales. Quoi de plus banal, dira-t-on. Pourtant l'enfant ressentit l'intervention soudaine d'hommes en blanc se jetant sur lui pour lui enlever une partie de son corps comme une terrible « agression », un véritable « attentat ». L'écrivain avoue n'en avoir pas « encore surmonté l'horreur »[2]. Il reconnaît en avoir gardé « une incurable méfiance à l'égard de ses semblables, même les plus proches et les plus chers »[2].

● *La classe de philosophie* (1941-1942)

Michel Tournier, adolescent, et ses parents observaient, horrifiés, les conséquences de l'occupation par les Allemands du territoire français, les effets du passage de cet Ogre sanguinaire qu'est aussi la guerre : arrestations, déportations, destructions. L'admiration pour la culture germanique n'entraînait pas la moindre sympathie pour le national-socialisme. Tout au contraire.

L'armée allemande avait réquisitionné la grande maison familiale de Saint-Germain-en-Laye. En juin 1941, les parents de Michel Tournier, excédés par « une année de cohabitation forcée avec une vingtaine de soldats »[3], se résignèrent à tout abandonner et à s'installer à Neuilly-sur-Seine. En octobre, Michel fit son entrée en « terminale » au lycée Pasteur. Maurice de Gandillac enseignait la philosophie. La découverte de celle-ci bouleversa l'univers mental de Michel Tournier. Il n'avait cessé jusqu'ici de rejeter ce que l'école lui proposait. La philosophie, au contraire, le passionna d'emblée, devint pour lui le discours essentiel, et elle l'est restée. Il décida donc d'en poursuivre l'étude.

1. *Le vent Paraclet*, p. 25.
2. *Le vent Paraclet*, p. 17-18.
3. Michel Tournier, *Le vol du vampire*, Mercure de France, 1981, p. 379.

L'ÉTUDIANT (1942-1950)

● *La Sorbonne* (1942-1946)

De 1942 à 1945 : licence de philosophie à la Sorbonne. Juin 1946 : diplôme d'études supérieures (appelé aujourd'hui maîtrise) sur Platon.

Les « maîtres à penser » furent d'abord, pour Tournier, Gaston Bachelard [1] dont il suivait les cours, et qu'il approchait régulièrement hors de l'Université, et Jean-Paul Sartre [1], dont le premier grand ouvrage philosophique, *l'Être et le Néant*, avait été publié en 1943. Michel Tournier a raconté plus tard le bouleversement que fut cette parution pour les apprentis-philosophes de sa génération : « Nous avions le bonheur inouï de voir naître une philosophie sous nos yeux. »

Une autre influence prépondérante fut celle de l'ethnologue Claude Lévi-Strauss [2], dont notre écrivain suivit les cours quelques années plus tard, en 1950, au Musée de l'Homme. Nous verrons tout ce que *Vendredi ou les limbes du Pacifique* doit aux conceptions de Bachelard, Sartre, Lévi-Strauss, ou à leur discussion.

Mais, avant d'être initié par le célèbre ethnologue à la vie des sociétés dites primitives, Michel Tournier avait pris une nouvelle fois la route de l'Allemagne.

● *Tübingen* (1946-1950)

Le désir d'approfondir sa connaissance des philosophes allemands l'avait mené à la petite ville universitaire de Tübingen. Il y reçut l'enseignement de quelques professeurs remarquables, et ne se présenta à l'agrégation qu'à son retour. Il échoua, et, plutôt que de se représenter d'année en année, il claqua « la porte de l'université », et renonça à enseigner.

---

1. Gaston Bachelard (1884-1962). J.-P. Sartre (1905-1980). Voir *Le vent Paraclet*, p. 151-162.
2. Claude Lévi-Strauss (né en 1908). Voir *Le vol du vampire*, p. 384-387.

« L'APPRENTI-ÉCRIVAIN »[1] (1950-1967)

Le projet de Michel Tournier est alors de « faire œuvre » philosophique et littéraire. Mais il mettra du temps à le réaliser. Avec quelques « gentils farfelus » de son espèce (parmi lesquels Armand Gatti, Pierre Boulez, Yvan Audouard, Georges de Caunes), il habite un hôtel de l'île Saint-Louis, traîne en espadrilles sur les berges de la Seine. Il use d'« expédients alimentaires »[1], gagne sa vie « en bricolant des émissions pour la radio et en abattant pour les éditions Plon des milliers de pages de traduction »[1]. Il ne se rend pas encore clairement compte qu'il apprend ainsi, peu à peu, le « métier d'écrire ». Mais il remplit aussi, pendant cette longue période, ses tiroirs de « manuscrits avortés »[2]. Il cherche, en effet, mais ne pense pas avoir encore trouvé, la meilleure façon d'allier la philosophie au roman.

L'ÉCRIVAIN

En 1967, il se décide à publier un livre qui lui avait demandé deux ans de travail : *Vendredi ou les limbes du Pacifique*[3]. Comme nous l'avons dit dans l'Avant-propos, c'est, d'entrée de jeu, le succès et la notoriété. Michel Tournier peut alors se consacrer avant tout à la création littéraire. Ainsi paraissent tour à tour : en 1970, *le Roi des Aulnes*[3] (prix Goncourt) ; en 1975, *les Météores*[3] ; en 1977, *le Vent Paraclet*, essai d'autobiographie intellectuelle ; en 1978, un recueil de nouvelles, *le Coq de bruyère*[3] ; en 1980, *Gaspard, Melchior et Balthazar*[3], qui conte la vie des rois mages ; en 1980, *Des clefs et des serrures*[4], qui lie de courts textes à des photos ; en 1981, *le Vol du vampire*[5], qui réunit de brefs essais ; en 1983, un récit : *Gilles et Jeanne*[6].

---

1. *Le vent Paraclet*, p. 164.
2. *Ibid.*, p. 193.
3. Gallimard, Folio, n° 959 ;
   Gallimard, Folio, n° 656 ;
   Gallimard, Folio, n° 905 ;
   Gallimard, Folio, n° 1229 ;
   Gallimard, Folio, n° 1415 ;
4. Éd. Chêne-Hachette.
5. Éd. Mercure de France.
6. Éd. Gallimard.

Michel Tournier écrit aussi pour les enfants, ou réécrit à leur intention certaines œuvres : *Vendredi ou la vie sauvage, Amandine ou les deux jardins, Pierrot ou les secrets de la nuit.*

L'unique pièce de théâtre qu'il ait publiée, *le Fétichiste,* acte pour un homme seul, a été représentée en 1982 à Paris (le texte se trouve dans le recueil de nouvelles, *le Coq de bruyère*). Mais certains de ses récits ont été adaptés au théâtre : *Vendredi ou la vie sauvage,* en 1973, *le Roi des Aulnes,* en 1983, ont été mis en scène, le premier par Antoine Vitez, le second par la troupe du « Théâtre de la Tempête », à la Cartoucherie de Vincennes.

Michel Tournier se passionne aussi pour la photographie et a animé une émission de télévision consacrée à cet art : *Chambre noire.* Il a participé, avec Lucien Clergue, à la fondation des Rencontres internationales de la photographie, à Arles. Il se pense dans ce domaine incapable de création originale. Mais il aime commenter les œuvres des « grands photographes », ou écrire des textes qui accompagnent leurs images : *Vues de dos*[1], *Canada, journal de voyage*[2] (1977). Dans ces deux recueils, ce qu'Édouard Boubat donne à voir et ce que Michel Tournier écrit s'enrichissent réciproquement.

Michel Tournier s'occupe d'une collection littéraire chez Gallimard. Il est membre de l'Académie Goncourt. Il habite dans un ancien presbytère de la vallée de Chevreuse, et le quitte souvent pour voyager, un peu partout. Il aime aller dans les collèges, pour répondre aux questions des élèves. Pourtant, s'il commente volontiers ses écrits, il semble peu enclin à parler de lui-même. Le journal *Le Monde* interrogeait les écrivains sur leur journal intime : en tenaient-ils un ? Quelle importance lui accordaient-ils ? Michel Tournier répondit en prétendant ne rédiger qu'un journal « extime », c'est-à-dire un journal consacré aux êtres rencontrés, aux événements du monde, à des lectures, mais jamais à lui-même. Si Michel Tournier se montre volontiers à la télévision, il n'y livre qu'une

1. Gallimard, 1981.
2. *La Presse,* Canada, 1977.

image publique. Certains ont cru mieux le connaître en lui prêtant les désirs de ses personnages. Un exemple fera comprendre les incertitudes d'une telle démarche : Robinson choisit de rester sur l'île, de ne pas revenir parmi les hommes. Or Michel Tournier, dans un entretien, a révélé que la vie insulaire l'attirait peu : « Je ne pourrais en aucun cas habiter dans une île. Je me sens dans une île plus prisonnier que protégé. »

LA NUIT DU NAUFRAGE[1]

Dans la nuit du 29 au 30 septembre 1759, le capitaine Van Deyssel, qui commande l'équipage de *la Virginie*, tire, avec un jeu de tarots égyptien, les cartes à un passager, Robinson Crusoé. On apprend que celui-ci s'est embarqué sur le bateau à Lima, et court les mers depuis de nombreuses années, ayant laissé femme et enfants en Angleterre et étant parti avec l'espoir de faire fortune dans le Nouveau Monde.

Les prédictions du capitaine décrivent à l'avance dans un langage chiffré, comme la suite du récit l'apprendra, ce que sera la vie de Robinson sur l'île.

Elles sont interrompues par les effets du choc du bateau contre un obstacle inconnu. *La Virginie* commence à couler quand Robinson parvient à remonter sur le pont, et voit l'eau tout emporter avec elle.

« L'ILE DE LA DÉSOLATION »[2]

Robinson se réveille sur la plage d'une île et pense être le seul survivant du naufrage. Il découvrira un peu plus tard que le chien du bord, Tenn, a réussi, lui aussi, à échapper au désastre (p. 31-32). Ce sera longtemps son unique compagnon.

1. Cf. pages 7 à 14, collection Folio, 959, Éditions Gallimard.
2. Cf. pages 15 à 42, chapitres 1 et 2.

Le premier désir du naufragé est de quitter cette terre qui semble peu hospitalière, peuplée seulement de vautours et de quelques autres espèces animales, de boucs, couverte d'une épaisse forêt tropicale, qu'il baptise « l'île de la Désolation ». Il tente de signaler sa présence aux navires qui pourraient passer, il surveille l'horizon. Puis il envisage de construire un bateau pour rallier la côte chilienne dont il s'estime proche, et, pour trouver des outils, il va visiter les soutes de *la Virginie* échouée ; il en ramène des explosifs, quelques armes, des instruments, une Bible. Mais son projet n'aboutit pas : le bateau qu'il a fabriqué en pleine terre au prix d'un long et pénible labeur, et qu'il a appelé *l'Évasion*, ne peut être amené jusqu'à la mer.

Alors la solitude, « épouse implacable », fait osciller Robinson *du désespoir à la folie*. Ainsi, un jour, s'imagine-t-il voir à la poupe d'un voilier sa propre sœur, Lucy. Le plus souvent, il s'immerge dans une mare boueuse, où viennent se baigner des pécaris, *la souille*. Dans l'eau sale et fangeuse, il se laisse aller, s'abandonne, l'esprit envahi par des bribes de souvenirs qui remontent du passé, et le corps recouvert de ses excréments.

C'est une longue phase de dépression et de découragement. Un jour, cependant, Robinson réagit ; il décide de renoncer à ses rêves irréalisables d'évasion, de tourner le dos au grand large, d'organiser son existence sur l'île.

« L'ILE ADMINISTRÉE »[1]

Robinson a honte des « défaillances » qu'il vient de connaître. « Une ère nouvelle » (p. 45) commence pour lui. Il va s'efforcer d'oublier ses abandons dépressifs, et, par une succession de décisions actives, de reprendre la maîtrise de son existence.

● *Première décision : tenir un journal* (p. 44-45)

En consignant sur un « log-book », un journal intime, « l'évolution de sa vie intérieure », le naufragé espère s'arracher à la bestialité qui le menaçait. Il pensera sa vie au lieu

1. Cf. p. 43 à 100, chapitres 3 et 4.

de simplement la vivre : l'homme est d'abord un être pensant. Il fera « sa rentrée dans le monde de l'esprit » (p. 44-45) et de la culture, dont le langage est un élément essentiel. Il accomplira « cet acte sacré : écrire » (p. 44-45), sacré pour lui en particulier qui trouve dans le livre des livres, la Bible, une consolation, et la justification de ses actes. Il pourra non seulement, comme cela lui arrivait dans la souille, être la proie de souvenirs, mais rattacher le présent au passé et à l'avenir, et ainsi ordonner le temps de sa vie.

- *Deuxième décision :*
  organiser le temps et s'approprier l'espace

Dans la période précédente Robinson, déjà angoissé par la fuite des instants, avait entrepris de marquer chaque jour une encoche sur un arbre, « et une croix tous les trente jours » (p. 32-33), ce qui était, notons-le, une première forme d'écriture. Mais, trop absorbé par la construction de son bateau, il n'avait pas persévéré. Maintenant il inaugure un calendrier (p. 45), il s'efforce « d'emprisonner le temps » (p. 60) en le programmant, en le mesurant avec une clepsydre [1] (p. 66-67), puis en définissant l'emploi légal de chaque journée dans sa Charte (p. 72) : « Le vendredi est jeûné », « le dimanche est chômé », etc.

De surcroît, puisqu'il est « réduit à vivre sur un îlot de temps, comme sur une île dans l'espace » (p. 45), il importe aussi au naufragé d'établir son pouvoir sur celui-ci : d'où « l'exploration méthodique de l'île » (p. 43), les projets d'arpentage, de carte, de cadastre (p. 67), mais aussi la construction d'une maison (p. 65), c'est-à-dire d'une portion d'étendue personnalisée et humanisée.

- *Troisième décision : nommer*

Donner à chaque chose un nom, cela permet, d'abord, de « se relier à la communauté humaine » (p. 46), puisque celle-ci est possible avant tout par le langage. C'est, ensuite, affirmer son pouvoir sur les êtres, puisque rien ne

---

1. Clepsydre : horloge ancienne mesurant le temps par un écoulement régulier d'eau dans un récipient gradué.

nous échappe plus que ce que nous ne réussissons pas à dire. Aussi l'effort de *maîtrise* est inséparable chez Robinson de l'activité de *dénomination* : « Je voudrais que chaque plante fût étiquetée, chaque oiseau bagué, chaque mammifère marqué au feu » (p. 67).

On peut comprendre l'empressement de Robinson à *baptiser* des objets et des personnes, d'autant que la désignation verbale prend alors une dimension religieuse : baptême du bateau qu'il avait fabriqué *(l'Évasion)*, baptêmes de l'île d'abord appelée, nous l'avons vue, *île de la Désolation* (p. 18), puis renommée *Speranza* (p. 45-46), l'espérance, sous l'influence de la Bible qui fait de l'espérance une des vertus essentielles, ensuite du souvenir très profane d'une belle Italienne connue autrefois par Robinson. Nous verrons plus loin le sens des baptêmes de Vendredi et du jeune mousse qui décide, à la fin du roman, de rester sur l'île.

● *Quatrième décision : travailler*

Robinson passe, comme les hommes préhistoriques, du stade de la cueillette et de la chasse à celui de l'agriculture et de l'élevage. Il ne se contente donc plus de prendre ce que lui offre la nature, il transforme celle-ci ; autrement dit, il travaille, et refait, seul, l'itinéraire de toute l'humanité (p. 47).

Il exploite toutes les ressources de l'île (p. 63), sème, moissonne, fauche (p. 57-58), fait du pain (p. 60, 80), élève dans un vivier des fruits de mer (p. 63), produit « une sorte de sucre », s'en sert pour faire des confitures et des conserves de fruits confits (p. 63), s'édifie une maison (p. 65), protège ses récoltes des rats (p. 86), jette les bases d'un Conservatoire des poids et mesures (p. 70).

Parfois, notons-le, un doute envahit Robinson : à quoi peuvent servir ces activités multiples, qui ressemblent « au combat d'un forcené contre le vide » (p. 58) ? Mais, le plus souvent, elles lui procurent une « fierté » (p. 60) et une joie dont les raisons sont multiples (p. 80) : bonheur d'abord de se sentir relié à « la communauté humaine perdue », par la mise en pratique des leçons de la civilisation ; satisfaction ensuite de respecter une morale religieuse, qui exalte la production, par laquelle l'homme ressemble au Dieu créateur, et condamne la consommation destructrice, recommande donc l'économie, l'épargne, la « thésaurisation [1] » (p. 61) ; jouissance toute sensuelle enfin de « palper et de humer » (p. 81) des matières dont les formes évoquent des souvenirs attirants.

● *Cinquième décision : légiférer*

Robinson travaille donc comme s'il n'était pas seul. Mais la vie sociale suppose d'abord un ensemble de lois. Voilà pourquoi le naufragé édicte une « Charte », puis un « Code pénal de l'île de Speranza » (p. 71-74), qui prévoit les peines des « contrevenants ».

Un jour, des Araucaniens, peuplade indienne, débarquent et se livrent au sacrifice rituel d'un des leurs (p. 75). Robinson rédige un nouvel article du code : l'île est déclarée place fortifiée. Le naufragé ajoute au titre de Gouverneur, qu'il s'était déjà décerné, celui de général.

La tenue du journal, les activités d'appropriation du temps et de l'espace, de la nature par le langage et le travail, la réglementation d'une communauté absente, sont-elles vraiment utiles dans la situation d'isolement où se trouve Robinson ?

Elles apparaissent comme des *défenses* contre l'angoisse de la solitude, contre le désespoir qu'elle suscite, contre la tentation de se laisser aller, dépressif, dans la souille, de s'y immerger avec les pécaris, de se comporter alors comme ces animaux, de se « déshumaniser ».

● *Le « processus de déshumanisation »*

Mais ces défenses s'avèrent fragiles, et le processus de déshumanisation se poursuit. D'abord, il y a des *moments de défaillance* pendant lesquels Robinson s'abandonne encore à la mare boueuse, à « la fange liquide » (p. 49) ; alors *le temps et l'espace* si bien ordonnés se « dissolvent ». Ensuite, *le langage* se délabre (p. 68) : il arrive même à Robinson de douter du « sens des mots qui ne désignent pas des choses concrètes ». De surcroît, il a l'impression d'une transformation, et même d'une perte de son *visage*

1. Thésauriser : amasser des biens économiques sans les utiliser.

(p. 69 et 89-90) : c'est que celui-ci n'existe que pour et par les autres. Il garde, par exemple, sa vivacité après une conversation animée, la perd peu à peu, la reprend quand un autre interlocuteur survient. *La folie* menace, car Robinson sépare de plus en plus difficilement ce qu'il perçoit et ce qu'il imagine (p. 54-55, p. 83) : « Contre l'illusion d'optique, le mirage, l'hallucination, le rêve éveillé, le fantasme, le délire, le trouble de l'audition... le rempart le plus sûr, c'est notre frère, notre voisin, notre ami ou notre ennemi, mais quelqu'un, grands dieux, quelqu'un ! » (p. 55). Le « Gouverneur », enfin, a le sentiment de ne plus être un *moi*, identique à lui-même, et distinct de ce qui l'entoure (p. 89-90), mais de se confondre tantôt avec l'île (« Alors Robinson *est* Speranza », p. 98), tantôt avec un déchet que celle-ci, après l'avoir intégré, rejette : « Robinson est l'excrément personnel de Speranza » (p. 100).

Toutes ces transformations, du temps, de l'espace, du langage, de la conscience du monde et du moi, sont des conséquences de l'absence d'autrui, de *la solitude*. Celle-ci a donc un double effet contradictoire : d'une part, elle est ce « vin fort » (p. 84) qui permet la toute-puissance de Robinson sur l'île (p. 89), puissance que nul en effet ne pourrait venir contester ou partager. D'autre part, elle érode, dissout, détruit (p. 52 et 82, entre autres) les conditions mêmes d'une vie humaine « normale », comme on dit.

Par elle Robinson se sent entraîné dans une « métamorphose » qui travaille « le plus secret de lui-même » (p. 94). Il ne peut qu'observer celle-ci, sans la vouloir, et espérer qu'elle le fera « *changer* sans déchoir », « s'élever, au lieu de dégénérer à nouveau » (p. 94). C'est-à-dire souhaiter que la « déshumanisation » ne prenne plus la forme de l'abandon à la souille, d'une régression vers une vie bestiale, mais d'une progression. Dans quel sens ? Robinson lui-même ne le sait pas, et se contente de rêver vaguement d'une « *autre île* », de l'imaginer « plus fraîche, plus chaude, plus fraternelle » (p. 94).

Le chapitre suivant permettra une réponse plus précise.

L'ILE BIEN-AIMÉE [1]

Depuis longtemps, l'île n'était pas seulement « un domaine à gérer » (p. 101) et un territoire à protéger, « mais une personne ». Son nom même, Speranza, était, nous l'avons vu, celui d'une femme autrefois aimée (p. 45) par Robinson, avec laquelle, « en l'absence de tout autre interlocuteur », il poursuivait « un long, lent et profond dialogue » (p. 56). En effet, « ses gestes, ses actes et ses entreprises constituaient autant de questions auxquelles l'île répondait par le bonheur ou l'échec qui les sanctionnaient » (p. 56), mais aussi par des messages symboliques. Par exemple, Robinson « ne pouvait se défendre d'attribuer une signification fatidique » (p. 82) aux deux cris d'un oiseau, le cheucau, « dont l'un promettait à n'en pas douter le bonheur, tandis que l'autre résonnait comme l'annonce déchirante d'une calamité prochaine » (p. 82). Au « palabre de la forêt » (p. 187), provoqué par le bruit des vents dans les arbres, se mêlait « le grand concert des oiseaux » (p. 91). Si *le langage* humain se délabrait, la Nature ne restait pas silencieuse.

Mais la relation de communication était recouverte par la relation de travail et de domination qui occupait le premier plan : le Gouverneur - général organisait la transformation de la Nature, la mettait en ordre. Et un *animal* était un être à domestiquer et à élever (par peur, sans doute, chez Robinson, de sa propre bestialité), bien avant d'être, ou de sembler le partenaire d'un dialogue. Tout se renverse quand l'île est aimée comme une mère, puis comme une épouse. L'administration et le travail continuent, certes, mais apparaissent désormais comme secondaires (p. 116). Robinson a découvert d'autres moyens de vaincre sa *solitude* (voir p. 103), des moyens plus efficaces et plus essentiels.

- *Les descentes au fond de la grotte*

Dans l'étroit alvéole qui termine une grotte, située au centre de l'île, Robinson se recroqueville, après s'être versé du lait sur le corps pour glisser plus facilement. Il prend la position d'un fœtus dans le ventre maternel. Il identifie

1. Cf. pages 101 à 138, chapitres 5 et 6.

alors la terre à sa propre mère. Lui qui n'avait que de courts *moments d'innocence* (p. 94) croit retrouver l'innocence perdue de l'enfance (p. 112). Il ne se soucie plus de maîtriser l'écoulement du *temps*, mais pense avoir dépassé celui-ci « dans une éternité heureuse » (p. 106) ; et, d'ailleurs, la clepsydre s'est arrêtée.

Mais l'île fait tant penser, alors, à la mère, que Robinson prend peur d'avoir avec elle une relation incestueuse. Il renonce à redescendre dans l'alvéole (p. 113-115).

● *La « voie végétale »*

Fasciné par le manège d'insectes qui butinent le pollen, puis le transportent des fleurs mâles à des fleurs femelles pour féconder celles-ci, Robinson tente une relation sexuelle avec un arbre, relation qu'il se plaît à prolonger quelques mois. Mais une douloureuse piqûre d'araignée sur son sexe dénudé l'incite à renoncer à ce qu'il appelle la « voie végétale », à ne plus voir en elle qu'une « dangereuse impasse » (p. 122). Il faudra trouver un autre moyen de se lier d'amour à la nature.

● *La combe*

Les formes arrondies d'une « prairie doucement vallonnée » (p. 127), une combe rose, évoquent un dos de femme. Robinson, très attiré, laisse son sexe creuser le sol et s'y « épancher ». La terre-mère devient une épouse désirée. L'union de l'homme avec elle ne sera pas stérile : du moins l'imagination fertile de Robinson lui fera-t-elle croire que des enfants en sont nés un an après, ayant l'aspect de fleurs étranges et belles, les « mandragores » (p. 137).

Ainsi Robinson poursuit sa métamorphose, devient un « homme nouveau » (p. 125). Mais il ne comprend pas bien ce qui se passe en lui, et, inquiet des transformations qu'il subit même s'il les aime, ne sachant pas clairement où elles le mènent, il continue, par précaution, à travailler et à administrer (p. 124). Pour qu'il consente à abandonner définitivement le « vieil homme », il lui faudrait voir mieux le sens de sa mutation, de ce « processus de déshumanisation » dont il craint qu'il le ramène à la souille. Il lui faudrait un exemple, *un initiateur*. Vendredi va surgir à point.

22

LE MAITRE ET L'ESCLAVE [1]

● *La rencontre*

Robinson, de plus en plus conscient de l'inutilité de ses productions (p. 124), tente de raviver sa croyance défaillante en la valeur de l'Effort humain, en inscrivant sur des rochers des maximes de Benjamin Franklin [2], qui expriment une morale du travail. Ce n'est qu'un effort désespéré pour redonner une âme à l'île gouvernée.

A ce moment les Indiens Araucans, qui étaient déjà venus une fois [3], débarquent pour procéder à un nouveau sacrifice rituel. Ils tuent une première victime, et s'apprêtent à procéder à l'exécution d'une seconde : un jeune homme, plus grand, plus svelte, plus noir de peau que ses congénères. Lui en veut-on parce qu'il est différent des autres ? La haine a souvent cette origine, la haine raciale en particulier.

Mais le jeune homme réussit à s'échapper, court dans la direction de Robinson qui observe la scène, tire un coup de mousquet, tue involontairement un des poursuivants, fait ainsi s'enfuir tous les autres. L'Indien sauvé se prosterne devant l'homme blanc (p. 144).

● *Une apparente docilité*

Vendredi est pour Robinson un *sauvage*. Et « un sauvage n'est pas un être humain à part entière » (p. 147). Ou alors il n'est, dans l'esprit de Robinson bien sûr, empli des préjugés de l'Européen colonialiste, qu'au « plus bas degré de l'échelle humaine » (p. 146). Il importe de le dominer, mais aussi de l'éduquer et de le convertir.

Aussi, ces rôles de producteur et d'administrateur, auxquels, nous l'avons vu, Robinson commençait à ne plus croire, il les rejoue pleinement devant l'Indien. L'arrivée de celui-ci a donc ce premier résultat : refaire de Robinson un représentant à part entière de sa civilisation britanni-

---

1. Cf. pages 139 à 184, chapitres 7 et 8.
2. Benjamin Franklin (1706-1790) : homme politique et pamphlétaire américain.
3. Cf. ci-dessus, p. 19.

que d'origine, et bloquer ainsi, provisoirement, la métamorphose qui en faisait, peu à peu, un autre homme. Dans le conflit entre le « vieil homme » et « l'homme nouveau » en gestation, le vieil homme reprend pour le moment le dessus. La peur de la souille et le mépris de la « sauvagerie » ont le même effet sur Robinson. Ils l'amènent à se rattacher à sa culture, à s'inspirer de ses acquis et de ses leçons, comme pour se protéger.

Et il le fait d'autant plus facilement que l'Indien joue, lui, avec aisance le rôle de l'esclave « d'une docilité parfaite » (p. 148). Il accepte les ordres et les défenses de l'homme blanc, répète ses prières, apprend à utiliser l'argent (p. 150), travaille, profite de ses moments de loisir pour « nettoyer et embellir l'île » (p. 151), se révèle même capable, en bon serviteur zélé, de prendre des « initiatives heureuses » (p. 151), commence à apprendre l'anglais.

Nommer un être permet de se l'approprier. Robinson décide donc de baptiser son esclave. Mais quel nom lui choisir ? Il est impossible de le désigner ni comme un chrétien ni comme une chose. Il s'appellera Vendredi, portera le nom du jour où il a été rencontré (p. 147-148). Ce qui montre qu'il n'est pas considéré, par son maître, comme une personne, mais comme un événement « temporel, fortuit », probablement « épisodique ». Peut-être, toutefois, les raisons d'élire un tel nom sont-elles plus complexes et plus ambiguës. Robinson y réfléchira ensuite (p. 228) : « Le vendredi, c'est, si je ne me trompe, le jour de Vénus. J'ajoute que pour les chrétiens, c'est le jour de la mort du Christ. Naissance de Vénus, mort du Christ. » La grâce naturelle du domestique indien évoquait-elle la déesse grecque surgissant de l'écume des vagues ? Et son influence n'amènera-t-elle pas Robinson à remplacer son christianisme dévot et puritain par une adoration de la Nature divinisée ?

● *Une insoumission profonde*

La docilité de l'Araucan n'était qu'extérieure. Vendredi ne peut, en fait, être éduqué ou dominé. Comment maîtriserait-on un être dont les actes découlent d'une « nature » innée (p. 188) ? Robinson s'aperçoit peu à peu de l'impossibilité de faire plier son compagnon. Et il passe devant celui-ci de la surprise à l'inquiétude, puis à une colère sans cesse croissante.

Vendredi le déroute d'abord par les éclats brusques d'un *rire* « qui ressemble à la manifestation soudaine d'un diable »... (p. 153). Puis ses *sentiments* se révèlent bizarres : il ne montre aucune affection pour son maître (p. 154) ; il est capable de cruauté envers certains animaux, par exemple envers une tortue de mer dont il découpe, sans l'avoir tuée au préalable, la carapace (p. 169) ; par contre, il est débordant de tendresse envers le chien Tenn, et presque maternel avec un petit vautour qu'il nourrit de larves longuement mâchées (p. 172). Ensuite, sa *relation au travail* s'avère étrange : il n'a jamais autant d'entrain que lorsqu'il accomplit des tâches absurdes et inutiles (p. 155). Enfin il témoigne de *désirs* et de *goûts* qui semblent insolites : il se plaît à lancer des galets, et semble rêver de les faire voler (p. 160-161) ; il s'amuse à replanter des arbres à l'envers (p. 163), à se déguiser avec du lierre et des fleurs (p. 164), à se livrer à des danses éperdues.

L'étonnement de Robinson se transforme peu à peu en inquiétude soucieuse : Vendredi a ouvert, par jeu semble-t-il, les vannes de la rizière. Sa complicité avec les animaux rend l'élevage difficile (p. 165). Il est une menace pour le système patiemment construit par son maître (p. 164).

Les relations entre les deux hommes se font de plus en plus orageuses. A la vue de mandragores aux rayures marron Robinson soupçonne son compagnon de forniquer avec la combe (p. 166), puis, ses soupçons s'étant trouvés confirmés par l'observation d'une scène d'amour (p. 176), il éclate d'une colère impossible à contenir et frappe l'Araucan (p. 177). Quelque temps plus tard, celui-ci découvre le barillet à tabac de Robinson et fume, en cachette, sa longue pipe de porcelaine, la pipe qui avait été autrefois la propriété du capitaine Van Deyssel (p. 182). Mais le domestique indien est surpris par son maître. Affolé, il jette la pipe sur des tonneaux emplis de poudre noire qui explosent, détruisant en quelques secondes les installations de Robinson, ses constructions multiples, les produits de son long et pénible labeur. Les deux compagnons s'apercevront peu après que Tenn a été tué, que la grotte s'est effondrée, que les chèvres se sont dispersées.

L'INITIATEUR ET L'INITIÉ [1]

Ce cataclysme rompt les derniers liens qui attachaient Robinson à sa Civilisation d'origine. Il se sent disposé désormais à mener la « vie nouvelle » dont il avait eu depuis longtemps l'obscur pressentiment. Cette vie qu'il espérait et craignait en même temps, il ne lui opposera plus désormais le double rempart du travail et des lectures de la Bible. Mais comment y accéder? En faisant de Vendredi, si étranger en profondeur à l'homme ancien, le guide, l'exemple, l'initiateur.

Le *jeu* (p. 192, 195, entres autres), la *danse* (p. 221), le *rire* (p. 217) comptent seuls pour Vendredi, et non le travail, les pesanteurs de l'administration, le sérieux de l'organisation. Il vit « enfermé dans l'instant présent » (p. 190), incite Robinson à trouver *l'éternité dans le plaisir du moment* (p. 219). La vie du *corps* est pour lui primordiale (p. 191-192), et il encourage son compagnon à partager ses exercices, à s'exposer, nu, aux rayons du soleil.

L'astre diurne devient même chez l'Anglais l'objet d'un véritable culte, et il lui adresse des prières autrefois réservées au Dieu biblique (p. 217 et suivantes). *Une religion des éléments naturels* semble remplacer celle du Père tout-puissant et inaccessible : Robinson, adorateur d'abord de la *terre*, vénère maintenant le *feu* des rayons brûlants qui lui procurent une jouissance nouvelle alors qu'il en avait fui jusqu'ici les morsures dangereuses pour « sa peau blanche de rouquin » (p. 56). Vendredi, plus léger, n'aime rien tant que *l'air*, rêve de s'envoler, de faire voler des objets (p. 204-206), d'entendre la musique du vent (p. 206-209). Sur ce plan, Robinson, parce qu'il éprouve en lui « trop de pesanteurs » (p. 226), ne peut que l'admirer sans le suivre.

En tout cas, il n'y a plus sur l'île de *maître ni d'esclave*, mais *deux frères* (p. 191), unis par une tendre complicité. Robinson se plaît même à imaginer que Vendredi est un véritable jumeau (p. 229, p. 230-232). Et celui-ci invente des jeux qui parodient leur ancienne relation (p. 210-214) : par exemple, il se déguise en Robinson, s'affuble d'habits

1. Cf. pages 185 à 232, chapitres 9 et 10.

semblables à ceux de l'ancien Gouverneur et Robinson, à son tour, se déguise en Vendredi. Ils s'amusent à jouer au maître et à l'esclave, comme d'autres, plus jeunes, au gendarme et au voleur. La « vie nouvelle » est une *enfance* retrouvée. Les brefs « *moments d'innocence* »[1] d'autrefois durent maintenant toute la journée (p. 220).

Mais un point blanc se profile à l'horizon, et, quelques heures après, les marins d'une goélette anglaise débarquent.

LA FIN DE L'HISTOIRE[2]

Le commandant révèle au naufragé qu'il est sur l'île depuis vingt-huit ans, deux mois et dix-neuf jours. Dans un premier temps, Robinson envisage de partir avec le bateau, de revenir parmi les hommes pour « leur dispenser sa sagesse » (p. 237). Mais il s'aperçoit, en parlant aux marins et en les observant, que leurs fins lui sont devenues étrangères : « Car ce qu'ils avaient tous en but, c'était telle acquisition, telle richesse, telle satisfaction, mais pourquoi cette acquisition, cette richesse, cette satisfaction ? » (p. 243). Robinson laisse donc le bateau quitter Speranza sans lui.

Le lendemain, il découvre l'absence de Vendredi (p. 249). L'Araucan s'en est allé avec le navire. Le départ a-t-il été pour lui un nouveau jeu ? A-t-il été attiré, lui, l'être aérien, par l'affinité des voiles et du vent ? A-t-il été séduit par les mirages d'une civilisation si éloignée de ses idéaux ?

Quoi qu'il en soit, Robinson se sent trahi (p. 250) et terriblement seul. Cette *solitude*, dont il avait tant souffert, puis dont il avait fait la condition de son progrès, il en éprouve à nouveau la profonde tristesse. Car « il n'est pas de pire malédiction pour un vieillard que la solitude » (p. 250). Sa métamorphose lui avait donné l'impression d'échapper à l'écoulement du *temps*, d'accéder à une sorte d'éternité dans des instants de jouissance totale. De l'île

---

1. Dans *le Roi des Aulnes*, Michel Tournier opposera *l'innocence* et *la pureté*. Déjà cette opposition apparaît dans *Vendredi* : le capitaine Van Deyssel conseille de se méfier de la pureté, ce « vitriol de l'âme » (p. 14).
   La pureté est renoncement au monde. L'innocence est heureuse acceptation du monde.
2. Cf. pages 233 à 254, chapitres 11 et 12.

était venue une sensation de « jeunesse éternelle » : « A la limite l'île ne connaît qu'une seule saison, la belle saison. Une brise iodée berce les palmes des cocotiers dans un ciel imperturbablement céruléen. »[1] Mais le temps avait suivi son cours, inexorable, et Robinson découvre qu'il est « devenu tout à coup un vieil homme » (p. 250). Il souhaite alors mourir (p. 251).

Soudain, un enfant se dresse devant lui. C'est le petit mousse du *Whitebird*. Maltraité par l'équipage, il a choisi de rester sur l'île avec Robinson. Celui-ci surmonte alors son désespoir. L'adolescent indien à la peau sombre l'avait initié à « la vie nouvelle ». Il n'aurait pu la continuer seul, puisqu'elle était inséparablement communion avec la nature et fraternité avec l'autre. Il *initiera* à son tour l'enfant roux, au « visage osseux, semé de taches de son » (p. 244).

Robinson commence par lui trouver un nom : « Tu t'appelleras Jeudi. C'est le jour de Jupiter, dieu du Ciel. C'est aussi le dimanche des enfants »[2] (p. 254). Ce récit s'achève donc par ce qui, pour beaucoup, inaugure une vie : le baptême. Et sa fin marque la renaissance de Robinson.

---

1. *Le vent Paraclet*, p. 300.
2. Jeudi vient du latin *Jovis dies*, jour de Jupiter. Le jeudi fut pendant longtemps le jour de congé des lycéens et des écoliers.

Interprétations multiples du récit $\boxed{3}$

Vendredi est donc, pour l'essentiel, l'histoire d'une méta-morphose : l'action de la solitude, puis l'influence de Ven-dredi, font du Robinson qui choisit de rester sur l'île un homme absolument différent de celui que les hasards de la navigation y amenèrent. Mais des lectures très diverses de cette transformation sont possibles.

L'ethnologue y verra l'évolution d'un Européen, imbu de la supériorité de sa Civilisation. Cet Européen consi-dère d'abord les peuples dominés comme inférieurs, à peine humains, primitifs, puis il apprend à découvrir la valeur de cultures différentes de la sienne. *Le théologien* apercevra plutôt une démarche religieuse, menant de la soumission au Père tout-puissant à la vénération d'une Nature divinisée. *Le philosophe* pensera déceler des répon-ses originales à des problèmes que l'histoire de la philoso-phie pose depuis longtemps. *Le psychanalyste* estimera qu'on lui propose la description de l'évolution d'un cas clinique.

Ces lectures variées ne sont pas exclusives. Un récit littéraire a toujours des significations multiples, peut-être même inépuisables.

LECTURE ETHNOLOGIQUE

Michel Tournier a lui-même révélé ce que son récit devait à Claude Lévi-Strauss [1] : « Mais lorsque j'eus publié *Vendredi ou les limbes du Pacifique*, j'hésitai à envoyer ce petit roman lyrique à mon ancien maître. Pourtant la filiation ne devait pas demeurer secrète. »

Et il est vrai que Lévi-Strauss n'a jamais cessé de dénoncer l'attitude qui consiste à « répudier purement et simplement » les cultures les plus éloignées de la nôtre : « habitudes de sauvages », « cela n'est pas de chez nous », « on ne devrait pas permettre cela [2] ».

Le récit de Michel Tournier s'associe à une telle dénonciation. N'est-ce pas l'Indien, métissé de noir, qui devient l'initiateur du Blanc, de l'Européen, alors que celui-ci prétendait le domestiquer, l'éduquer, le convertir ?

L'auteur montre, de surcroît, que la violence despotique exercée sur des sociétés différentes est corrélative d'une violence exercée sur la nature par le travail, les activités de production. Au lieu de tenter de vivre en accord avec la Terre, on ne pense qu'à la transformer. Et l'on méprise les peuples qui n'ont pas les moyens d'une telle transformation.

Pourtant une question se pose : Michel Tournier n'a-t-il pas participé à cette attitude à l'égard des cultures différentes, qu'il prétendait par ailleurs dénoncer, en faisant de Vendredi un « bon sauvage », en écrivant une nouvelle version de ce qu'on a appelé *« le mythe du bon sauvage »* ? Aux XVIe, XVIIe, XVIIIe siècles, de nombreux poètes, philosophes, utopistes, forgèrent ce mythe [3], en disant leur fascination, leur engouement pour le Noir d'Afrique ou l'Indien d'Amérique. Ils louèrent sa pureté, son innocence, son accord avec la nature, sa liberté. Ils en firent une survivance, miraculeusement conservée, du Paradis perdu, voire de l'âge d'Or dont tant de légendes parlent. Le « bon sauvage », c'est l'être que la société n'a pas encore perverti, « d'habit tout aussi nu qu'il est nu de

---

1. Claude Lévi-Strauss : ethnologue célèbre, professeur au Collège de France.
2. Voir C. Lévi-Strauss, *Race et histoire*, Gonthier, Médiations, 1961, p. 19.
3. Sur cette notion de mythe, cf. ci-dessous, p. 44.

malice », disait Ronsard, c'est le créole à l'âme sensible des romans exotiques de Chateaubriand. Ne serait-ce pas aussi le Vendredi de Tournier ? Celui-ci s'en défend. Il pense qu'on prêtait des vertus aux « sauvages » parce qu'on voulait faire ressortir, par contraste, les vices de nos propres sociétés [1]. On peut ajouter que le « sauvage » n'était jugé bon que dans la mesure où il se révélait docile. Or, nous l'avons vu, le Vendredi inventé par Tournier n'a qu'une apparence de docilité.

Pour conclure sur cette première approche, disons que, même si l'on peut le lire en ethnologue, *Vendredi ou les limbes du Pacifique* n'est pas ce qu'on a pu appeler *un roman ethnographique.* Le sujet d'un tel roman serait « la confrontation et la fusion de deux civilisations observées comme en bocal - l'île déserte - grâce à deux porteurs-témoins [2] ». En effet, le propos de Michel Tournier est avant tout philosophique. Il ne s'agit pas pour lui de montrer la rencontre de deux cultures, celle d'un Indien du Chili, un Araucanien, et celle d'un Anglais du XVIIIᵉ siècle, issu des classes moyennes, d'une bourgeoisie commerçante. Il tente plutôt de mettre en lumière « la destruction de toute civilisation chez un homme soumis à l'action décapante d'une solitude inhumaine, la mise à nu des fondements de l'être et de la vie, puis sur cette table rase la création d'un monde nouveau [2]... ». L'itinéraire de Robinson doit donc être lu comme un processus philosophique et religieux.

LECTURE RELIGIEUSE

● *Dans un premier temps,* Robinson apparaît comme un puritain austère, un chrétien fidèle à la religion de son enfance, plus précisément à l'esprit de la secte dont ses parents lui ont transmis l'enseignement, la secte des Quakers. Celle-ci, fondée en 1647 par George Fox et William Penn, invitait ses membres à établir un rapport

---

1. Michel Tournier, *Le vent Paraclet,* Folio, p. 228.
2. *Le vent Paraclet,* Folio, p. 228-229.

direct et intime avec le Tout-Puissant, sans trop se soucier des cérémonies du culte, ni des rites collectifs, sans privilégier les lectures *publiques* des saintes écritures.

Sa religion dicte au naufragé une morale dont la valeur suprême est le travail : il faut produire et ordonner pour ressembler au Père divin, créateur et architecte du monde : « J'obéirai désormais à la règle suivante : toute production est création, et donc bonne. Toute consommation est destruction, et donc mauvaise » (p. 61).

On risque d'être très surpris de certains aspects de cette morale. Elle recommande l'accumulation, la thésaurisation des richesses, jusqu'à l'avarice. Elle présente l'argent comme « une institution divine ». Elle fait l'éloge de la vénalité, « vertu cardinale » (p. 62), de la poursuite des biens matériels ; elle déprécie le désintéressement. Elle se réclame des préceptes moraux de Benjamin Franklin (p. 139 et suivantes) qui invitent à la quête de l'efficacité, de la richesse matérielle, de l'utilité, de l'épargne. La morale chrétienne serait-elle liée au « capitalisme » ?

Disons qu'il peut y avoir accord entre les deux, accord qui s'est surtout réalisé dans les pays à dominante protestante, accord que le Robinson de Tournier nous présente de manière un peu caricaturale. Le capitalisme a connu son plus grand essor dans les pays ou l'Église réformée (le « protestantisme ») était prépondérante. Mais comment une même religion peut-elle tantôt engendrer une morale de la charité, tantôt faire de l'accroissement de la richesse un véritable devoir [1] ? C'est qu'un tel accroissement permet les échanges, la coopération, le travail en commun : à long terme il rapproche, ou prétend rapprocher les hommes, autant et peut-être mieux que la charité.

Cependant, de ce point de vue, l'attitude de Robinson peut sembler quelque peu contradictoire. Il pratique l'accumulation des richesses, mais il est... seul et ne peut les utiliser. Seul du moins avec Speranza. Celle-ci lui demeurait d'abord « étrangère » (p. 34). Mais il reste très longtemps avec elle. Aussi ne s'étonne-t-on pas qu'elle finisse par devenir pour lui une « interlocutrice » (p. 56), puis

---

1. On peut lire à ce propos, du sociologue Max Weber, *Éthique protestante et capitalisme*, Plon, 1976.

qu'il se prenne à l'aimer, comme une mère d'abord, une épouse ensuite.

● Commence *le second moment* de son itinéraire religieux : le culte de la terre, de la mère, de la Terre-mère. On peut lire avec profit ce qu'un spécialiste de l'histoire des religions, Mircéa Éliade, a écrit[1] sur cette forme particulière de croyance et de rite. On s'apercevra que le personnage de Michel Tournier a la foi de multiples peuples indiens d'Amérique, comme les Zunis ou les Salinas, en une grande Mère tellurique[2] assimilée à la mère humaine. La Terre aussi retient les êtres dans son ventre, plus précisément en une ou plusieurs « cavernes matrices » situées en son centre comme la grotte chère au naufragé.

On peut remarquer que les mythes indiens relatifs à la Terre-mère expliquent le plus souvent l'apparition de la Vie par le mariage des « jumeaux cosmiques[3] », le Ciel et la Terre, eux-mêmes issus d'une Force primordiale, celle du Créateur, capable de se transformer en Soleil, pour animer par sa chaleur et féconder l'Eau de l'océan.

● On comprend alors que *le troisième moment* de l'itinéraire religieux de Robinson, le culte du Soleil, est la reprise romancée de ces récits mythiques. Après être revenu à sa propre origine, individuelle, la grotte étant prise pour le ventre maternel, le naufragé en arrive, sous l'influence de son compagnon, à adorer l'origine de la vie universelle, et à lui adresser ses prières. Les jumeaux que dans une étrange rêverie éveillée il croit voir se dessiner à la surface de la lune seraient alors le Ciel et la Terre, enfants du soleil-dieu (p. 230).

Une question se pose toutefois : la vénération du Soleil est-elle encore religieuse ? Quatre réponses, au moins, sont possibles :

1. Robinson a retrouvé une forme ancienne, archaïque, de religion. « Suis-je en train, se demande-t-il lui-même,

---

1. Mircéa Éliade, *Mythes, rêves et mystères*, Gallimard, 1957, ch. VIII.
2. Tellurique : qui concerne ou qui provient de la terre (secousse tellurique).
3. Mircéa Éliade, opus cité. On peut y relever cette définition du *mythe* : une histoire « qui s'est passée au commencement du Temps et qui sert de modèle aux comportements des humains ». Cette histoire est imaginaire, bien entendu.

de revenir au culte du soleil auquel s'adonnaient certains païens ? » (p. 225). Et il répond, brièvement, sans s'expliquer, par la négative : « Je ne crois pas. » Cette réponse semble légitime : dans les vieilles religions païennes on n'adorait le soleil que dans la mesure où il était la manifestation visible d'un ou de plusieurs dieux invisibles, alors que Robinson aime l'astre diurne pour lui-même, pour sa chaleur sur la peau, pour la jouissance qu'il procure.

2. *Robinson est devenu panthéiste*[1]. C'est-à-dire qu'il identifie Dieu au Tout, au monde lui-même, à la Nature, comme le faisait le philosophe Spinoza[2]. Pour celui-ci, les êtres *multiples* ne font qu'exprimer la Nature *une*. De même, pour Robinson, tous les êtres sont régénérés et animés par le Soleil.

Toutefois, le Soleil-dieu de Robinson n'unifie pas les hommes, les animaux, les choses, comme la Nature-Dieu de Spinoza, dont tous les êtres ne sont que des manifestations, des attributs, des expressions. Ceux qu'il touche de ses rayons, s'ils en tirent du plaisir, n'en dépendent pas.

3. *Robinson parvient à une certaine forme d'athéisme.* La démarche vraiment religieuse est, en effet, soit une *élévation* vers un divin situé au-delà de ce monde, tel le Père tout-puissant auquel se soumet d'abord Robinson, soit un *approfondissement* à la recherche, derrière les apparences, d'une Origine cachée des êtres, telle la Terre-mère que le naufragé vénère ensuite. Or, dans le troisième moment de son itinéraire, Robinson renonce aux *ascensions* vers les *hauteurs,* comme aux descentes vers les *profondeurs* (celles, inquiétantes, de la *souille,* comme celles, réconfortantes, de la *grotte*). Il semble désormais se contenter de jouir d'effets de *surface* : le plaisir du soleil sur la peau.

Ce qui explique qu'il se sente maintenant insensible au *vertige* (p. 199) : car le vertige est une fascination horrifiée pour les profondeurs. D'ailleurs, dans une note, probablement très importante, de son log-book, Robinson

1. Panthéisme : de deux mots grecs, *pan,* tout, et *theos,* Dieu.
2. Spinoza : philosophe hollandais (1632-1677). Sa grande œuvre : *L'Éthique.*

avait déjà remis en question le privilège étonnant que notre culture et notre langue accordent à la profondeur (p. 68 - 70) : on déprécie un sentiment, une pensée, et une personne, en les qualifiant de superficiels.

4. *Robinson reste chrétien mais chrétien hérétique.* Il invoque, en effet, de manière régulière, l'Esprit saint. Or, au Moyen Age, des théologiens en rupture avec la pensée catholique officielle avaient développé une hérésie de l'Esprit. Par exemple, Joachim de Flore (1145-1202) proposait de séparer les trois personnes de la Trinité, de leur faire correspondre trois périodes successives de l'histoire humaine : la *Loi,* qui était imposée par le *Père,* la *Foi,* qui était demandée par le *Fils,* la *Joie,* qui est suscitée par le souffle de l'Esprit. Le règne du Père avait été celui de la soumission, le règne du Fils celui de la souffrance d'être séparé de Dieu, le règne de l'Esprit sera celui de la libération des hommes animés par son *souffle.*

Robinson est-il un adepte de l'hérésie de l'Esprit saint, dite aussi hérésie paraclétiste ? Il invoque sans cesse l'Esprit, attend son inspiration (p. 74, 108, 160, 177). Nous savons que Michel Tournier a intitulé son autobiographie *le Vent Paraclet.* Un des personnages de son roman *les Météores,* Thomas Koussek, se réclame ouvertement d'une doctrine qui fait des vents, des souffles, des tourbillons, des manifestations du divin. Par là, nous dit Tournier, il peut « rejoindre le culte solaire ébauché à la fin de *Vendredi* »[1].

Pour résumer, Robinson (Tournier?) est-il partisan de vieux cultes païens, ou bien panthéiste, ou athée, ou encore chrétien hérétique ? Que signifie exactement son « extase solaire »[2] ? Quatre interprétations, et peut-être d'autres, sont possibles. S'il en était autrement, on aurait affaire à ce qu'on appelle un roman à thèse[3], ou à une allégorie, c'est-à-dire à l'illustration d'une idée claire. Or Michel Tournier répète qu'une des fonctions de l'écrivain est d'éviter que les mythes deviennent des allégories. A moins que celles-ci soient si multiples que leur sens s'obs-

---

1. *Le vent Paraclet,* p. 260.
2. L'extase est l'état d'une personne transportée hors d'elle-même et du monde pour communiquer avec le divin.
3. Un roman à thèse ne raconte une histoire que pour défendre une doctrine.

curcisse : « Je tâtonne à la recherche de moi-même dans une forêt d'allégories » (p. 232), gémit Robinson. Une lecture philosophique ne nous livrera-t-elle pas mieux le sens de son cheminement ?

LECTURE PHILOSOPHIQUE

Nous nous interrogerons plus longuement par la suite sur la signification philosophique du roman[1]. Celui-ci ne se contente pas de conter une histoire. Il inclut une véritable méditation sur *un problème* familier aux philosophes : quelle est la place de l'Autre dans la conscience et l'existence de chacun ? Le journal tenu par Robinson semble avoir été introduit dans le récit pour permettre à cette méditation de se développer pleinement.

La méthode employée par Michel Tournier est utilisée fréquemment dans les sciences expérimentales. Elle consiste à supprimer un des facteurs probables d'un phénomène pour déterminer son efficacité réelle. Le facteur supprimé ici est la présence des autres hommes. L'île est le laboratoire où l'on pourra observer les effets de leur absence. On sera ainsi en mesure de tirer des conclusions sur la portée de leur présence.

Il n'est pas nécessaire de redire tout ce que l'absence d'autrui provoque chez Robinson. Il faudrait rappeler ce que fut sa métamorphose : l'analyse du récit a déjà tenté de montrer qu'elle dérivait d'un bout à l'autre de la « solitude absolue » du naufragé.

Certains objecteront que l'arrivée de Vendredi y met fin. Cette objection serait valable si l'Indien était vraiment perçu par Robinson comme un autre homme. Or il est d'abord vu comme un « sauvage », c'est-à-dire moins qu'un homme, ensuite comme un « demi-dieu », c'est-à-dire plus qu'un homme. Sauvage, ou demi-dieu, il est

1. Cf. ci-dessous, p. 72.

toujours perçu du point de vue de Robinson, qui semble seul doté de la conscience propre aux êtres humains.

L'absence d'autrui, irrémédiable par conséquent, permet de mesurer les effets de sa présence. Sans les autres, nous ne serions certains ni de la signification que nous prêtons aux choses et aux événements, ni même de leur réalité. Ils ne nous sembleraient pas distincts des produits de notre imagination. Seul l'autre homme à nos côtés peut nous garantir que nous ne délirons pas, quand nous croyons percevoir le monde : il voit les mêmes choses que nous.

Certes le philosophe Jean-Paul Sartre avait, semble-t-il, déjà montré le rôle d'autrui, en avait fait aussi une « pièce maîtresse » (p. 53) de notre univers. Mais l'autre était d'abord pour Sartre ce *regard* qui me juge, me définit une fois pour toutes, menace donc ma liberté, c'est-à-dire le pouvoir que j'ai de me définir moi-même. Il est avant tout, pour Tournier, au contraire, le rempart contre la folie.

Pourquoi alors, se demandera-t-on, Robinson note-t-il dans son log-book (p. 116) : « Je sais maintenant que si la présence d'autrui est un élément fondamental de l'individu humain, il n'en est pas pour autant irremplaçable » ? Parce que, en administrant, il fait, à ce moment de son histoire, « comme si » il y avait des autres. Par quoi ou par qui l'autre pourrait-il être remplacé ? A cette question ultime, le roman n'offre pas de réponse.

Pourtant, dira-t-on, Robinson établit avec Vendredi un rapport de fraternité (p. 191). Il rêve de lui comme d'un véritable jumeau (p. 231). Et ce rêve semble reprendre avec le petit mousse, qui, de surcroît, a comme lui les cheveux roux et la peau blanche. Mais pouvons-nous dépasser notre solitude avec des êtres qui nous ressemblent trop pour être vraiment des autres ? Tous les romans de Michel Tournier naissent de cette interrogation.

LECTURE PSYCHANALYTIQUE

Dans une pénétrante postface à l'édition Folio de *Vendredi*, Gilles Deleuze [1] propose une interprétation freudienne de l'itinéraire de Robinson. Son « diagnostic » l'amène à conclure que Robinson est passé de la névrose (épisode de la souille) à la psychose (moment de la grotte) puis à la perversion (adoration du soleil et des éléments naturels). A chaque stade autrui serait un peu plus gommé, effacé, de l'univers mental de Robinson.

Il faudrait plus de place pour discuter sérieusement une telle analyse.

• De la névrose à la psychose

Névrose et psychose se caractérisent par une régression de plus en plus poussée, par un retour à l'enfance : immergé dans la souille, Robinson rêve qu'il est dans l'échoppe de son père ; blotti dans la grotte, il se croit revenu dans le ventre de sa mère.

Le névrosé a encore une conscience de ce qui sépare le réel de l'imaginaire, alors que le psychotique a perdu cette conscience : dans « la fange liquide » Robinson pense à ses vrais parents ; dans « l'étroit alvéole » il s'invente « une filiation surhumaine » (Postface, p. 275), puisqu'il se croit devenu l'enfant de la Terre, puisqu'il assimile la terre à sa mère.

Le névrosé désire retrouver des relations avec autrui, mais celles-ci sont devenues difficiles ou impossibles : dans la souille Robinson ne peut que rêvasser à des membres absents de sa famille. Le psychotique ne se rend même plus compte qu'il n'y a plus d'autre : la grotte est prise pour la mère, ou pour un équivalent de celle-ci.

• De la psychose à la perversion

L'absence d'autrui, enfin, culminerait, selon G. Deleuze, dans *la perversion*. Comment une telle conception peut-elle se justifier ? Les homosexuels, par exemple, sont-ils

---

1. Gilles Deleuze (né en 1925) : philosophe, il fut le condisciple et l'ami de M. Tournier au lycée Pasteur de Neuilly.

incapables d'amour? De très beaux textes de la littérature amoureuse n'ont-ils pas été écrits par certains d'entre eux?

Deleuze s'appuie en fait sur certains travaux de Jacques Lacan et de ses élèves[1]. Pour l'un d'entre eux, Clavreul[2], la pratique perverse concilie « une extrême délicatesse » avec « l'irrespect total de l'autre ». Peut-être. Nous n'avons pas à nous interroger ici sur la vérité d'une telle théorie, mais sur sa portée dans l'interprétation du roman. Or l'on peut remarquer que le désir sexuel, chez le naufragé, n'étant plus canalisé par la société et par la présence même des autres (p. 118), dévie, va dans des directions imprévues : copulation avec la terre, « coït solaire » (p. 230). Ces directions l'éloignent même des perversions ordinaires : « Pas une seule fois Vendredi n'a éveillé en moi une tentation sodomite » (p. 229). Visant les Éléments du monde, la sexualité de Robinson est inséparable de son adoration mystique de la Nature. Elle est la manifestation corporelle de cette adoration. Elle est moins une attraction perverse qu'une inclination quasi religieuse.

CONCLUSION SUR CES QUATRE INTERPRÉTATIONS DE *VENDREDI*

Quatre lectures du roman, au moins, sont donc possibles. Et ces lectures peuvent même sembler parfois s'exclure, ou se concilier difficilement. Le lecteur-ethnologue par exemple, qui pense que le récit invite à remplacer la domination des prétendus « sauvages » par une relation fraternelle, admettra-t-il que cette relation soit un effet de la perversion ou d'une absence irrémédiable d'autrui ?

1. Jacques Lacan (1901-1981) : psychanalyste parisien, fondateur de l'École freudienne de Paris. Il prétendait, par un retour à Freud, rompre avec les psychanalystes du moment.
2. J. Clavreul, *Le couple pervers*, in *Le désir et la perversion*, Paris, le Seuil, 1967.

Michel Tournier s'est expliqué sur cette « ambiguïté » propre aux œuvres de fiction (roman, théâtre, poésie). Contrairement aux œuvres non fictives (documents, traités, mémoires), elles ne renvoient pas « à une réalité extérieure à elle »[1], et elles font appel à « la liberté de création » du lecteur. Celui-ci enrichit de sa vie et de ses rêves le livre qui, tel un vampire, s'en nourrira.

Mais Michel Tournier écrit, par ailleurs, qu'il a « choisi la littérature comme un moyen de faire de la philosophie »[2]. Une question se pose alors : l'ambiguïté de l'œuvre de fiction est-elle compatible avec la philosophie, dont le discours ne peut être équivoque ? On peut répondre, semble-t-il, ainsi : la philosophie du roman est moins, comme nous l'avons vu[3], une doctrine expressément formulée qu'un ensemble de problèmes : quels sont les effets de l'absence d'autrui ? Autrui peut-il être « remplacé » ? Par quoi ou par qui ?

1. Michel Tournier, *Le vol du vampire*, Mercure de France, 1982, p. 11.
2. In Jean-Louis de Rambures, *Comment travaillent les écrivains ?* Flammarion, 1978, p. 163.
3. Cf. ci-dessus, p. 36.

Michel Tournier
et ses prédécesseurs

4

Daniel Defoe (1660-1731), journaliste, négociant, poète, homme politique anglais, personnage complexe, multiple, riche et varié, avait publié en 1719 un roman intitulé *La vie et les étranges aventures de Robinson Crusoé*. Ce roman connut un immense succès. Depuis sa parution, des milliers d'autres versions de l'histoire de Robinson ont été écrites. La dernière en date est celle de Michel Tournier. On peut dire que durant plus de deux siècles l'histoire de Robinson n'a pas cessé de faire rêver un nombre considérable d'écrivains et de lecteurs, enfants ou adultes. Elle est née de l'imagination individuelle d'un homme, elle a animé ensuite l'imagination collective. En ce sens, elle a acquis la puissance des mythes, ces récits légendaires que les sociétés anciennes se transmettaient le plus souvent par tradition orale, et qui contaient la vie de personnages exemplaires, prestigieux.

Pourtant Daniel Defoe s'était inspiré d'un banal fait divers.

LE FAIT DIVERS

En 1712, Woode Rogers, capitaine au long cours, avait publié le compte rendu d'un voyage autour du monde. Le 31 janvier 1709, un canot de son bateau, le *Duke*, avait débarqué sur une île de l'archipel de Juan Fernandez, au large du Chili, dans l'Océan Pacifique. Les hommes du canot découvrirent sur l'île un personnage hirsute, vêtu de peaux de bêtes. Cet homme, qui leur parut plus sauvage que ses chèvres, leur dit s'appeler Alexandre Selcraig, avoir pour nom de mer Selkirk et il leur raconta son étrange histoire. Il était écossais, avait longtemps mené une vie de navigateur, d'aventurier. Il s'était disputé avec le commandant du dernier navire sur lequel il s'était embarqué, le *Cinq Ports*. Cette mésentente l'avait incité à rester sur l'île de Mas a Tierra, où le bateau avait fait relâche, et qui lui avait paru habitable. Il y vécut, en solitaire, pendant quatre ans et quatre mois.

Alexandre Selkirk reprit sa vie de marin. Il ne regagna sa terre natale qu'en 1711, plus de huit ans après son départ. Son retour fit, comme on dit, sensation. Pourtant les naufragés qui revenaient après des années de solitude sur une île ne manquaient pas à l'époque. Pourquoi, alors, l'histoire de Selkirk fut-elle si remarquée et devint-elle même, pour reprendre la belle expression de Michel Tournier, « semence de mythe [1] » ? Pourquoi fit-elle rêver des milliers d'écrivains, et des lecteurs encore bien plus nombreux ?

DANIEL DEFOE OU LA NAISSANCE DU MYTHE

Le roman de Daniel Defoe parut donc en 1719.

• *Alexandre Selkirk et Robinson Crusoé*

Quelques différences importantes peuvent être relevées entre son héros et le personnage réel. D'abord, Robinson est jeté sur l'île par un naufrage, il ne choisit pas d'y vivre à cause d'une mésentente avec son commandant ; ensuite, l'île de Robinson se trouve dans l'archipel des Caraïbes, dans l'Atlantique donc, et non au large des côtes chiliennes, dans le Pacifique ; peut-être parce que cette région du globe était plus connue des lecteurs éventuels,

---

1. *Le vent Paraclet*, p. 214.

plus en mesure ainsi de les intéresser. Ensuite encore Robinson ne reste pas quatre ans sur cette île mais vingt-huit ; ne faut-il pas du temps pour construire un équivalent de la civilisation occidentale ? Enfin, et surtout, Defoe invente le compagnon de Robinson : l'Indien Vendredi ; seule, en effet, la présence de celui-ci permet au naufragé de réaliser ce qui semblait, aux Européens d'alors, une des missions essentielles de leur civilisation : la colonisation, la domestication, l'éducation des « sauvages ». Remarquons que, malgré ces importantes transformations, Daniel Defoe présentait *La vie et les étranges aventures de Robinson Crusoé* comme une histoire vraie et non comme un roman, probablement parce que ce genre n'avait pas encore acquis ses lettres de noblesse, et paraissait réservé à un public d'une niaise sensiblerie. Mais, par « vrai » Defoe entendait « vraisemblable ». La vraisemblance du récit fait qu'il constitue, malgré les infidélités au fait divers, une œuvre *réaliste*.

● *Un « roman réaliste »*

Les aventures de Robinson expriment bien les aspirations des Anglais de l'époque, des bourgeois plus précisément. L'Angleterre était au seuil de la révolution industrielle. La monarchie constitutionnelle garantissait la paix civile et fournissait un cadre de vie favorable à l'expansion économique. L'Angleterre procédait à l'inventaire et à l'exploitation de ses richesses, comme Robinson sur son île.

Robinson a tous les traits du bon bourgeois anglais de l'époque, du bourgeois accompli : *l'utilitarisme* moral, qui n'accorde de valeur qu'à la poursuite de l'intérêt, *le réalisme, le culte du travail* surtout. Il ne voit pas la nature comme un spectacle merveilleux ou grandiose, mais comme une source de matières premières.

En même temps, Robinson exprime certaines aspirations encore insatisfaites de la bourgeoisie de son temps. Celle-ci, si elle est déjà économiquement dominante, reste encore éloignée du pouvoir politique, tenue à l'écart, *comme Robinson sur son île*. Et, comme celui-ci, cette classe montante, qui n'a pas de titres à faire valoir, sait qu'elle ne peut compter que sur elle-même, sur ses propres ressources, sur son activité, pour s'imposer. En

43

ce sens, le Robinson de Defoe est à la fois le miroir de ce qu'elle est et le représentant de ce qu'elle rêve d'être. Il la confirme dans ses espérances. Il exprime, de surcroît, à une époque où l'industrialisation tend à pousser le plus loin possible la spécialisation du travail, la nostalgie d'un temps où l'artisan pouvait maîtriser les techniques les plus diverses, et faire seul une œuvre complète.

Enfin l'éloge du travail a, dans le roman comme dans la société réelle, une signification religieuse. C'est un moyen de rédemption, c'est une pénitence qui sauve d'une chute. Robinson a péché car il a désobéi à son père. Celui-ci l'incitait à ne pas devenir marin, à ne pas s'élever, comme il disait, au-dessus de la condition moyenne (the middle state). L'île apparaît alors comme un purgatoire.

● *Le roman devient un mythe*

Comment ce récit, qui reflétait une époque, une société, une classe sociale, a-t-il pu devenir *un mythe universel*, repris par les cultures les plus diverses pendant près de trois siècles ? Comment un personnage, qui vivait comme les membres d'un groupe déterminé, historiquement situé, a-t-il pu sembler un héros exemplaire pour tous, et presque surhumain ? Pourtant le fait est là, attesté par les milliers de reprises du récit, toujours modifié, mais jamais altéré dans ses significations fondamentales.

Des hommes se sont reconnus en Robinson, en Robinson avec Vendredi. Mais pourquoi ? Peut-être parce que Robinson réalisait en les réconciliant deux aspirations contradictoires, mais également fortes : l'aspiration à une solitude que la vie dans les sociétés industrielles rend difficile, et la recherche d'une maîtrise de la nature, maîtrise facilitée à l'inverse par l'expansion économique. Robinson garde tous les avantages permis par le « progrès », mais n'en subit pas les inconvénients.

Les multiples versions du mythe n'en ont pas changé la signification, même lorsqu'elles introduisaient des « variantes » importantes. Prenons un exemple : le roman de Schnabel, *l'Ile Felsenburg*, paru en 1828. Dans le récit de Defoe, l'île était comme un rempart contre les tentations du sexe. Le héros de Schnabel est arrivé sur l'île avec une compagne. Et il se propose de peupler l'île par la procréa-

44

tion, avant de l'exploiter par le travail. Mais il poursuit le même but que le Robinson de Defoe : maîtriser la nature et dominer les « sauvages ». Ce but est atteint, dans un cas, par un homme seul, et, dans l'autre, par une communauté familiale.

Tout va changer avec Michel Tournier. À commencer par la vie sexuelle de Robinson dont la relation avec la combe n'engendre que ces fleurs étranges, les mandragores.

MICHEL TOURNIER :
REVITALISATION OU MORT DU MYTHE ?

Michel Tournier transforme profondément le récit. Il en change tout à fait la signification.

1. Au fond, le véritable héros du roman de Defoe était la civilisation occidentale. En suivant ses leçons, Robinson pouvait espérer, comme on dit, « s'en sortir ». Aussi son attitude était-elle *rétrospective,* tournée vers le passé ; il importait de tirer le meilleur parti des enseignements moraux, scientifiques, techniques, autrefois reçus, et même de reproduire, autant que possible, la société perdue. Le Robinson de Tournier, au contraire, a une attitude *prospective*, orientée vers le futur. Il invente un homme nouveau, et, pour cela, se défait des acquis de sa culture, comme un papillon sort de sa chrysalide.

2. Les deux Robinson travaillent, mais de façon bien différente : celui de Defoe produisait pour consommer. Celui de Tournier s'interdit de consommer ce qu'il produit, ou ne le consomme qu'en partie. Il accumule, amasse, thésaurise. Et il produit toujours bien plus que le simple nécessaire. C'est qu'il ne travaille pas seulement pour survivre (p. 50). Il travaille d'abord pour échapper à la tentation de retourner à la souille.

3. *La souille* est d'ailleurs une invention romanesque de Michel Tournier. Le Robinson de Defoe ne connaît pas cette longue phase de découragement qui mène à s'immerger dans la « fange liquide ». Peut-être les aban-

dons dans l'horrible mare aident-ils à comprendre une des conditions du progrès : il faut traverser un moment négatif pour accéder à une vie heureuse. Le christianisme, très hypothétique, on l'a vu, de Michel Tournier se révélerait là. Le chrétien ne croit-il pas que seule la souffrance, et d'abord la souffrance de Jésus, sauve les hommes ?

4. Le Robinson de Tournier atteint, après une longue métamorphose, *le bonheur* de se sentir en accord avec les Éléments naturels, et d'abord avec le Soleil. Mais ce bonheur reste problématique. Il renonce à venir parmi les autres pour leur « dispenser sa sagesse » (p. 237).

Le Robinson de Defoe, au contraire, a pleinement *réussi*. Quand il décide de quitter l'île, il la laisse riche et pacifiée. Il poursuit ensuite ses voyages et divers trafics et ne se rappelle jamais les souffrances qu'il a endurées. Il ne se souvient que du pouvoir qu'il avait acquis sur la nature et sur son esclave, Vendredi. C'est un *héros* aussi *positif* que l'autre reste *problématique*. Le héros positif accède aux idéaux qu'il poursuit, et qui sont aussi les idéaux de son groupe. Le héros problématique est à la recherche de Valeurs inaccessibles, et étrangères à sa société [1].

5. Et Vendredi ? L'originalité profonde de Michel Tournier n'est-elle pas d'en faire le véritable héros du livre ? Le titre même le montre. Dans le roman de Daniel Defoe il était soumis au « seigneur et maître » blanc, même si celui-ci le considérait comme son fils adoptif. Il finit, dans le roman de Tournier, par devenir l'initiateur de Robinson. Il fait voir à celui-ci quelle est la vraie vie, libre, heureuse. Avant de le recueillir, Robinson n'avait que de vagues pressentiments de cette vie. Vendredi lui sert de modèle.

Vendredi a, d'ailleurs, tous les traits que les mythes des sociétés anciennes prêtaient au héros : il semble échapper au temps de l'existence ordinaire ; il paraît étranger au changement : sa « nature » innée (p. 188) le définit une fois pour toutes, et non la culture, acquise, d'un simple Araucan ; ses goûts le placent au-dessus de l'humanité courante : voler, faire voler, entendre la musique du vent ;

---

1. György Lukacs (1885-1971), philosophe hongrois, a établi la distinction des deux types de héros dans sa *Théorie du roman* (1920).

«être aérien», «génie éolien», il est un exemple finalement inaccessible (p. 226).

6. Pourtant, un problème se pose : Robinson semble, seul, doté de conscience et de réflexion. Tout sur l'île est vu par ses yeux, de son point de vue. Il dégage, dans son journal, le sens de ce qui arrive. Il pense ce que son compagnon se contente de vivre. Ne reste-t-il pas, alors, chez Tournier aussi, le personnage central ?

Le véritable héros d'un roman n'est-il pas, d'ailleurs, celui auquel le lecteur est susceptible de s'identifier ? Il retrouve en lui ses sentiments, ses aspirations. L'homme actuel peut facilement se reconnaître en Robinson. Il partage ses découragements, ses angoisses, sa peur de la solitude, mais aussi son attirance pour celle-ci, son désir d'une autre existence.

Vendredi, de surcroît, finit par tout abandonner. Quand il grimpe, ébloui, aux mâts du *Whitebird*, on peut dire qu'il tombe de son piédestal de héros mythique. Il n'est plus alors qu'un simple mortel, séduit, comme tant d'autres, par les produits de la société occidentale. Un mythe peut-il être de nos jours autre chose que le mirage d'un moment ?

Une autre fin du récit, imaginée par Michel Tournier, semble suggérer que l'histoire tout entière n'était qu'un rêve irréalisable[1]. Robinson est revenu en Angleterre. Il n'est plus qu'un vieil ivrogne. Il croit se souvenir de Speranza, et il reprend la mer pour la revoir. Mais il ne la retrouve jamais. A-t-elle, elle aussi, vieilli ? Et si c'était elle qui ne l'avait pas reconnu ? A-t-elle seulement existé ?

---

1. Dans le recueil de nouvelles, *Le Coq de bruyère,* Folio, 1229, p. 21.

5

Techniques romanesques

LE JOURNAL

A intervalles réguliers, des pages du journal tenu, on le sait, par Robinson sont livrées aux lecteurs. Elles lui révèlent les réflexions du naufragé. Elles alternent avec la simple narration de ce qui lui arrive, ou de ce qui se passe en lui. Elles révèlent ce qu'il en pense.

Elles ne sauraient avoir la fonction du journal rédigé, par exemple, dans *les Faux-Monnayeurs* [1], par un écrivain, Édouard. Comme d'autres romanciers de l'époque, Gide se servait de ce procédé pour ruiner la croyance naïve en l'objectivité absolue des « faits ». Il était en effet très préoccupé de mettre en lumière la subjectivité et la multiplicité des points de vue possibles sur la même histoire.

Or, il n'y a qu'un point de vue sur Speranza : celui du naufragé lui-même. Le journal ne saurait introduire un autre regard. Quelle est, alors, son utilité ? Il permet à Robinson de penser ce qu'il se contente de vivre par ailleurs, d'être le philosophe de ses aventures.

Cela signifie-t-il que Robinson y expose une doctrine ? Non, car il s'interroge plus qu'il ne conclut. Ses méditations, dans le journal, nous sont données sur le vif, dans leurs tâtonnements, leurs hésitations, leurs incertitudes. Elles n'émanent jamais d'une conscience supérieure, omnisciente, qui en saurait plus que le héros. Elles progressent au rythme de ses métamorphoses, les interprètent sur le moment. Ce qui fait qu'elles peuvent sembler parfois se contredire : « Autrui, pièce maîtresse de mon univers » (p. 53), note Robinson, inquiet des effets corrosifs de la

1. Roman d'André Gide (1869-1951).

solitude. Mais, un peu plus tard, il s'imagine avoir remplacé l'autre : « Je sais maintenant que si la présence d'autrui est un élément fondamental de l'individu humain, il n'en est pas pour autant irremplaçable » (p. 116) ; en effet, l'absence d'autrui n'empêche pas l'administration et le travail, n'empêche pas surtout de pressentir une vie nouvelle et heureuse sans l'autre, mais ce pressentiment reste vague. Qui tiendra lieu « d'autre » ? La grotte ? Les Éléments naturels ? La méditation du journal est interrogation sans fin.

Ainsi est réalisée la délicate jonction du roman et de la philosophie. Michel Tournier évite l'écueil du « roman à thèse » qui réduit l'histoire à n'être qu'un *moyen* de transmettre une doctrine, seule essentielle.

Pourtant un problème se pose : comment Robinson, ce bourlingueur, cet aventurier, peut-il employer un jargon de métaphysicien ? Il pose « le problème général de la connaissance » (p. 96), des relations sujet-objet (p. 99) ; il s'extasie devant l'argument ontologique [1], « cette merveille de force et de subtilité » (p. 128) ; il tente de préciser le sens du terme « exister », et recourt, pour ce faire, à l'étymologie ; il décèle un instinct de mort à l'œuvre dans le désir sexuel. Il est même au fait de l'existentialisme, de la psychanalyse, des doctrines les plus modernes. Il se surprend d'ailleurs lui-même : « Ce que je viens d'écrire, n'est-ce pas cela que l'on appelle « philosophie » ? » (p. 89).

C'est que le journal, s'il permet à Robinson de méditer, est surtout le moyen pour Michel Tournier d'intervenir en philosophe. On saisit bien ici le rapport complexe du romancier avec ses personnages. Il est un peu chacun d'entre eux, il n'est pleinement aucun d'eux (même quand il croit pouvoir dire, comme Flaubert : « Madame Bovary, c'est moi »). Ses créatures le révèlent, et le cachent en même temps. Ce n'est pas Robinson qui s'étonne d'être philosophe, dans la question que nous venons de rappeler. C'est Tournier qui feint d'être surpris de ce qu'il a lui-même fait de son personnage.

---

1. L'argument ontologique est une des plus célèbres preuves de l'existence de Dieu. Il fut inventé par saint Anselme (1033-1109). Il prétend tirer l'existence de Dieu de l'idée même que nous en avons.

LE NARRATEUR ET SES PERSONNAGES

Dans un essai sur le roman, Jean Pouillon [1] distingue trois possibilités :

1. Le narrateur en sait plus que ses personnages : c'est la « *vision-par-derrière* ».

Une telle vision suppose que le narrateur connaisse les désirs secrets des héros, alors que ceux-ci mêmes les ignorent, ou raconte des événements que les protagonistes du drame ne perçoivent pas.

Elle est étrangère à *Vendredi*. Robinson ne sait pas, en effet, où le mène la métamorphose dont il « guette » en lui l'accomplissement. Tout au plus a-t-il le pressentiment vague d'une « autre île », d'une « vie nouvelle ». Nous découvrons avec lui, progressivement, peu à peu, le sens de sa transformation. Michel Tournier ne nous fait pas voir à l'avance, et feint d'ignorer lui-même, le papillon que la larve est en train de devenir.

2. Le narrateur en sait moins que ses personnages : c'est la « *vision-du-dehors* ».

Elle ne livre au lecteur que ce qui se voit, s'entend, se constate : des attitudes, des comportements, des objets, des caractères physiques. Rien n'apparaît des pensées, sentiments, émotions, que leurs manifestations extérieures. Le narrateur se veut un témoin objectif, comme dans certaines formes de ce qu'on a appelé le « *nouveau roman* [2] ».

Est-il nécessaire de préciser que nous sommes, ici, aux antipodes d'une telle position ? Michel Tournier nous fait tout voir du point de vue subjectif de Robinson. Il livre ses réflexions les plus intimes. Il se met, et nous met, au cœur de ce moi pensant qui se désagrège.

3. Le narrateur en sait autant que le personnage : c'est la « *vision-avec* ».

Elle est prépondérante dans *Vendredi*.

1. Jean Pouillon, *Temps et roman*, Gallimard, 1958.
2. Nous avons déjà évoqué dans l'Avant-propos (ci-dessus, p. 5) l'importance de ce courant littéraire l'année de la parution de *Vendredi* ; citons parmi ses représentants : Nathalie Sarraute, Claude Simon, Claude Ollier, Alain Robbe-Grillet.

Michel Tournier semble découvrir l'île avec et par les yeux du personnage que, pourtant, il crée. Les réflexions du log-book sont, certes, formulées dans un langage philosophique un peu surprenant de la part du naufragé. Mais elles ne proposent jamais une interprétation d'ensemble de ce que vit Robinson : une telle interprétation supposerait l'intervention d'une autre conscience que celle de Robinson, réintroduirait, sinon une *vision-par-derrière*, du moins une *vision-au-dessus, en-surplomb*.

LES DIALOGUES

Les récits de Michel Tournier sont rarement coupés de dialogues. La seule pièce de théâtre qu'il ait publiée à ce jour, *Le Fétichiste,* est un acte pour un homme seul. Et les projets qu'il fait dans ce domaine peuvent laisser penser qu'il n'envisage le théâtre que sous cette forme [1]. Comment s'en étonner ? Le thème central de tous les écrits de Tournier est la solitude : la forme correspond au fond.

Pourtant Robinson est avide de communiquer : il fait de Speranza une interlocutrice (p. 56) ; il a avec le chien, Tenn, un étrange échange de sourires (p. 91). Son esprit fertile croit voir ou entendre un peu partout des signes ou des symboles : dans la pâte du pain (p. 80), dans les cris du cheucau (p. 82), dans la piqûre d'une araignée (p. 122).

Il est toujours possible, si on a de l'imagination, de prêter un sens au « grand concert des oiseaux et des insectes » (p. 91), au « palabre de la forêt » (p. 187), au « mugissement des flots inquiets » (p. 136), ou aux « craquements paisibles du feu » (p. 136). Mais comment avoir avec la Nature un véritable dialogue ? Un jour, Robinson pense avoir trouvé le moyen : il lit à la Terre un verset du Cantique des cantiques, puis il découvre un autre passage de la Bible qui pourrait constituer une bonne réplique, et il le lit aussi. « Ainsi Speranza était-elle douée désormais de la parole » (p. 136).

1. *Canada, journal de voyage,* p. 96.

Il faut attendre longtemps pour qu'apparaisse *un dialogue en style direct* : les installations ont explosé, les deux compagnons mènent leur nouvelle vie. Ce dialogue, comme tous ceux qui le suivront, frappe par l'extrême concision des propos des deux protagonistes, la brièveté de l'échange (une phrase, une réplique). Il est le simple commentaire d'une action, un lancer de flèches de l'Araucan. Pourtant le caractère énigmatique de la réponse de l'Indien aurait pu inciter Robinson à poser au moins une question : « Elle va tomber dans les branches, tu ne la retrouveras pas, lui dit Robinson.

– Je ne la retrouverai pas, dit Vendredi, mais c'est parce que celle-là ne retombera jamais » (p. 194).

On pourrait trouver bien des raisons à ce laconisme : la principale étant que les personnages s'accordent sans avoir besoin de se parler comme les musiciens d'un orchestre jouant la même partition. Vendredi initie Robinson en lui faisant voir une façon de vivre qui est reçue « comme une invitation à entrer dans une danse et à y participer de tout son être [1] ». Robinson n'a pas seulement découvert l'importance de son propre *corps* (p. 192). Celui de son compagnon lui parle, se laisse déchiffrer comme un grimoire (p. 222). Et la légèreté de ses danses, de sa démarche, *mime* la vie nouvelle.

Mais la brièveté des dialogues est d'abord *une technique romanesque*. Le récit est dépouillé à l'extrême. Comment ? Par l'élimination de ce qui ne servirait pas à comprendre le processus de transformation dans lequel est engagé Robinson, ou n'interviendrait pas dans ce processus. Le caractère allusif des portraits et des descriptions s'explique de la même façon que cette minceur des dialogues.

1. *Des clefs et des serrures*, p. 134.

LES PORTRAITS

• *Portrait de Robinson?*

Il est très difficile qu'il y ait un vrai *portrait de Robinson*, puisque nous sommes invités à tout voir de son point de vue subjectif. Un romancier réaliste ou naturaliste peut s'attarder sur l'aspect physique de ses personnages, car il prétend les considérer de l'extérieur, de façon objective.

Dans les romans psychologiques, on tente d'approfondir la vérité intérieure des personnages, de saisir leurs raisons profondes d'agir, leurs mobiles cachés. L'étude poussée du visage peut alors être très éclairante. Michel Tournier explique que « chaque visage est l'autobiographie de celui qui le porte, comme chaque pierre nous raconte, par les accidents de sa surface, les chocs, les pressions et les frottements qu'elle a subis »[1]. Mais *Vendredi* est tout sauf un roman psychologique. Nous ne savons presque rien de la vie de Robinson, de sa vie avant le naufrage, de son enfance : son père était un « petit drapier », sa mère une « maîtresse femme » (p. 39). C'est peu. Mais c'est suffisant pour un roman qui ne cherche pas à faire connaître un individu dans ce qu'il a de singulier, mais en fait le simple porteur d'une aventure spirituelle et philosophique de portée générale.

Le problème n'est pas de comprendre qui est Robinson, mais de déterminer quels sont les effets de l'absence d'autrui sur une existence humaine. Aussi, de même que le passé de Robinson est à peine évoqué, son portrait physique est, tout au plus, esquissé.

De surcroît, son *être* intéresse moins que son *devenir* : il s'agit de raconter les changements produits par la solitude. Il n'y a donc jamais de portrait dressé en une seule fois, mais des caractères physiques livrés peu à peu, au fil du récit. La métamorphose mentale s'accompagne ainsi d'une transformation physique. La « peau blanche de rouquin » (p. 56), qui « ne supportait pas la morsure » du soleil, s'y exposera quand Robinson vouera un culte à

---

1. Préface à *Mac Avoy*, Éditions de Nesle, 1979.

l'astre diurne et prendra un ton cuivré ; entre-temps elle s'était protégée par les déjections collées à sa surface (p. 38), puis, au temps de l'administration active de l'île, par des vêtements réglementaires. Et le visage ? Nous ne sommes informés que d'une seule particularité précise : le roux flamboyant de la chevelure. C'est aussi la seule qui ne change pas ; tout le reste de la face se modifie : tantôt il disparaît derrière la « masse hirsute » (p. 38) des cheveux, tantôt, la barbe ayant été rasée, il semble rajeunir.

● *Portrait de Vendredi ?*

Il n'y a pas non plus de vrai *portrait de Vendredi,* mais la révélation, à certains moments, de tel ou tel trait. Ces traits ne sont pas changeants, comme ceux de Robinson, puisque l'Indien ne peut se transformer : il est défini par une nature innée et immuable ; de surcroît, le temps semble sans prise sur lui, et même sur son corps : Vendredi conserve jusqu'au bout son aspect d'adolescent. Nous ne sommes informés de son physique qu'au gré des observations de Robinson : tout, sur l'île, on le sait, nous est présenté de son point de vue. Or le naufragé observe son compagnon à son arrivée sur l'île, et nous apprenons que Vendredi est « de peau plus sombre » que ses congénères, qu'il paraît « plus svelte et comme taillé pour la course », qu'il est « de type un peu négroïde » (p. 142). Ensuite, plus rien : Robinson semble ne plus voir son compagnon. Cette mystérieuse cécité s'explique par la vie active, la vie de travail, qu'ils mènent ensemble : Robinson ne contemple plus la Nature non plus ; ce n'est qu'une matière première à transformer.

Mais, un jour, Robinson frappe l'Indien qu'il a vu copuler dans la combe. Cette scène le laisse « pensif et silencieux » : le pressentiment d'une « vie autre » le reprend. Et, soudain, il voit à nouveau Vendredi. De façon très bizarre : il est fasciné par son profil droit, et surtout par son œil (p. 180-181). Cet organe est alors décrit avec une profusion de détails biologiques. Et curieusement la précision même de la description fait ressortir l'étrangeté merveilleuse de l'œil, sa « beauté anatomique stupéfiante ». Ensuite, le labeur ayant repris, Vendredi cesse d'être regardé.

Jusqu'au jour où les deux compagnons renoncent définitivement au travail, vivent pour jouer, rire, s'accorder aux Éléments naturels. Alors, Robinson recommence à observer Vendredi et l'île : « Speranza n'est plus une terre inculte à faire fructifier, Vendredi n'est plus un sauvage (...) à morigéner. L'un et l'autre requièrent toute mon attention, une attention contemplative » (p. 220). Cette attention nous vaut des descriptions, encore précises et émerveillées, d'autres parties du corps que l'œil : le mollet (p. 216), la « partie de la jambe située derrière le genou » (p. 222), le « genou » lui-même.

Ainsi n'y a-t-il pas de véritable portrait des deux hommes. Des traits fugitifs et lointains de Robinson, des parties du corps de Vendredi vues « en gros plan » : l'imagination du lecteur peut se donner libre cours. Sa « liberté de création », chère à Michel Tournier [1], est respectée.

Mais il y a *un risque* : des descriptions aussi elliptiques des personnages peuvent les priver de ce qui permettrait de les individualiser. Ils tendent à devenir des êtres un peu abstraits. Comment alors le lecteur sympathiserait-il avec eux ? Michel Tournier a lui-même noté que si Emma Bovary « nous tient à cœur », c'est d'abord par les particularités de son visage et de son existence [2]. Toutefois le risque inverse existe aussi : on se sent éloigné d'un personnage trop singulier. Le romancier doit donc « naviguer » entre deux périls contraires. Il nous semble que Michel Tournier y arrive avec habileté : s'il ne fait pas de véritable portrait de ses héros, il leur confère assez de singularités pour qu'ils ne se réduisent pas à des entités impersonnelles, ou à des types généraux, et pour que l'imagination du lecteur, éveillée par ce qui est seulement suggéré, les nourrisse de sa vie.

Elle le fait d'autant plus volontiers qu'elle est, en quelque sorte, entraînée de trois façons : d'abord, par le mouvement continuel d'une histoire qui ne laisse jamais les êtres en repos et remet sans cesse en question ce qu'ils sont à tel ou tel moment ; ensuite, par la participation de

1. *Le vol du vampire*, p. 11.
2. Préface à *Mac Avoy*, p. 9.

la moindre portion du réel à ce devenir sans trêve : pas de temps mort, pas de digression inutile, pas de détail insignifiant (ainsi le roux flamboyant des cheveux de Robinson préfigure son affinité avec le soleil) ; enfin, par la magie de mots assez précis pour donner à voir, assez rares pour susciter le rêve.

LE STYLE

On peut relever *trois contrastes* qui se retrouvent, d'ailleurs, dans les autres romans de Tournier : ils caractérisent sa manière propre de narrer, font l'originalité de son écriture, constituent son « style ».

● *Constante du ton et changement incessant du réel*

Cette histoire est celle de la métamorphose d'un être, de ses relations au monde, à l'univers qui l'entoure et que nous connaissons de son point de vue. Métamorphose qui ne connaît pas d'arrêt mais qui est traversée de crises, parfois violentes.

Or tout est conté sur un ton identique. La même phrase, souple, mélodieuse, revient avec la paisible régularité des vagues roulant, tranquilles, sur le rivage, se gonflant parfois quelque peu, puis se rapetissant, mais recommençant sans trêve un mouvement qui paraît n'avoir jamais commencé et ne pas devoir s'achever.

Comment ne pas penser qu'elle exprime ainsi parfaitement la mer et l'île ? « L'île, écrit ailleurs Michel Tournier, obéissant à l'injonction océane baigne dans l'éternité. Le climat océanique gomme les contrastes entre les mois, noie les saisons dans une continuité indifférenciée. » [1]

L'opposition d'un ton égal et d'un contenu toujours changeant reflète finalement celle de l'éternité et du temps. Robinson pense les avoir réconciliés. La « vie nouvelle » sur Speranza lui donne un sentiment de jeunesse

---

1. *Le vent Paraclet*, p. 300.

permanente. Le retour d'instants de jouissance totale au soleil confère à ces instants, pourtant brefs, un avant-goût d'éternité (p. 219).

● *Richesse du vocabulaire et simplicité du récit*

Depuis qu'il en avait fait la découverte sur les bocaux du grand-père pharmacien[1], Michel Tournier aime les mots rares, précis et mystérieux[2] à la fois. Il paraît plus s'en préoccuper que des figures de style si chères à la rhétorique moderne[3]. Certains critiques de nos jours ont donné une nouvelle valeur à ces figures : elles permettent de dire les choses autrement que dans le langage commun ; elles seraient alors une clef de la poésie : le poète est d'abord capable d'un discours différent, d'un discours qui n'est pas celui de tout le monde.

Or Michel Tournier use peu de figures de rhétorique : tout au plus emploie-t-il quelques *comparaisons,* très simples, se voulant surtout exactes ; ainsi un crabe dresse ses pinces « comme un spadassin son glaive et son épée » (p. 56), les épis de blé se redressent « comme une armée de petits chevaux cabrés » (p. 58), l'ouverture de la grotte s'arrondit « comme un gros œil étonné, braqué sur le large » (p. 104), etc.

Les figures de rhétorique sont surtout des manières d'associer les mots autrement, ou de les détourner de leur sens propre. La poésie, pour Michel Tournier, réside dans les mots eux-mêmes ; il semble soucieux d'abord du mot juste ; celui-ci est souvent le mot inusité, car le mot trop commun ne peut désigner que des choses très habituelles ; le mot rare convient à des réalités extraordinaires et, par son étrangeté même, suscite le rêve, donne le sentiment du fantastique et du mystère.

---

1. Cf. ci-dessus, p. 9.
2. Voici quelques-uns de ces mots : capelé, coruscant, vélique, couffins, ombelles, gloriette, piriforme, tellurique, marmoréen, lapidifié, cordiforme, combe, lombe, géotropique, lancéolé, provende, tuf, une noue, amarante, copaïba, empenné, palissonnage, squamiforme, caudal, hyperboréen, ouranien, linon, queursoir, etc.
3. La rhétorique fut longtemps considérée comme un art de persuader. Puis, comme un art d'orner le discours. Certains contemporains veulent en faire un art de s'écarter, à la manière du poète, du discours ordinaire.

Michel Tournier utilise beaucoup, et dès le titre[1], de tels mots.

La richesse du vocabulaire contraste avec une sorte de dépouillement du récit. Celui-ci est d'une pureté qui le rapproche de l'art « classique », l'art du 17e siècle : *une action, un lieu, un point de vue sur ce qui arrive*. Et de surcroît « une histoire que tout le monde connaît déjà »[2].

La diversité des mots insolites, la jouissance, - purement poétique - , qu'ils apportent font naître l'impression de lire quelque chose d'absolument nouveau. Concourt à cette impression, bien sûr, la transformation profonde du contenu du mythe[3].

● *Ordre de l'écrit et désordre du monde*

On sait que Robinson est conduit à douter de plus en plus de l'Ordre que, par le travail, il avait tenté d'imposer à la Nature. Cet Ordre lui était apparu d'abord comme une victoire de l'intelligence humaine sur le chaos et de l'Esprit sur « les forces du mal » (p. 67) : triomphe de la raison et du Bien. Et il le maintient jusqu'au moment où il se sent en mesure de le remplacer par une autre relation au monde, une relation de jouissance heureuse et non plus de maîtrise hostile.

Or le texte qui conte cette transformation radicale est lui-même extrêmement ordonné. Comme tous les romans de Michel Tournier, il constitue « un ensemble absolument cohérent », une forme « dont les parties se répondent les unes aux autres », et il est le produit d'« un découpage rigoureux »[4].

Ainsi l'effondrement de l'organisation ancienne est-il

1. *Vendredi ou les limbes du Pacifique.* Quel est le sens du mot *limbes* (du latin *limbus,* bord) ?
    Dans la pensée chrétienne, ce mot désignait soit le lieu où résidaient les âmes des justes avant la venue du Christ, soit l'endroit où vont les âmes des enfants morts sans baptême. Voltaire en parle comme d'un « faubourg d'enfer » (*Dictionnaire philosophique,* art. Baptême).
    Au sens figuré, être dans les limbes, c'est être dans un état vague et incertain.
    En astronomie, les limbes sont le bord d'un astre.
    Dans le roman lui-même (p. 130), Robinson se dit dans les limbes, car il se pense « suspendu entre ciel et enfers », et entre la vie et la mort.
2. *Le vent Paraclet,* p. 189.
3. Cf. ci-dessus, p. 45.
4. Jean-Louis de Rambures, *Comment travaillent les écrivains?* Flammarion, 1978, p. 163.

dit dans un récit aussi organisé que possible. Ce qui masque un peu ce qu'il a d'inquiétant, d'angoissant, de problématique : sur quoi va-t-il déboucher ? Permettra-t-il une vie plus libre ou le déchaînement d'une violence sans frein ? Ces interrogations sont celles de Robinson, mais aussi, bien souvent, celles « de l'homme moderne ». Lui aussi a l'esprit assailli de doutes. Les structures de l'écrit confèrent à ces doutes une sorte de sérénité nécessaire à la méditation.

LES STRUCTURES

● *Un découpage binaire :*
  deux parties séparées par une crise

Michel Tournier a révélé lui-même l'organisation d'ensemble de ses romans : « Le livre se compose toujours de deux parties séparées au milieu par une crise. »[1]

Une crise est une phase décisive qui, au cours d'une histoire, provoque une rupture avec les moments précédents.

On serait tenté de faire de l'arrivée de l'Indien sur l'île le facteur de la crise centrale. Le découpage serait alors : Robinson sans Vendredi, Robinson avec Vendredi. Mais un tel découpage ne semble pas ici pertinent : l'arrivée de l'Indien provoque d'abord un retour en arrière, et un blocage de la métamorphose de Robinson. Celui-ci, par peur du « sauvage », redevient le parfait administrateur. Seule la destruction de ses installations permet la rupture avec la vie ancienne. On est donc autorisé, semble-t-il, à voir dans cette destruction l'instant crucial à partir duquel tout bascule. Désormais une vie nouvelle peut commencer, la métamorphose s'est accomplie : le travail est remplacé par le jeu, l'organisation d'un temps programmé par la recherche d'instants de jouissance, le sérieux par le rire, etc.

Il faut ajouter, toutefois, que la seconde période connaît une petite crise, passagère et vite surmontée : la « trahi-

---

1. Jean-Louis de Rambures, opus cité, p. 163.

son » de Vendredi, parti avec la goélette anglaise, provoque chez le naufragé un moment de découragement et la tentation de la mort. Mais la survenue inespérée du petit mousse met rapidement fin à cette défaillance.

● *Un mouvement ternaire : trois moments opposés*

La division de l'histoire en deux versants coupés par une crise fut adoptée par l'écrivain pour mettre de l'ordre dans son travail. Mais il a lui-même noté que les aventures de Robinson se déroulent en trois moments, suivant *un mouvement ternaire* [1] : « A ces deux parties s'en ajoute dans *Vendredi ou les limbes du Pacifique* une troisième qui les précède et donne à l'ensemble une allure dialectique. » [2] Nous avons vu qu'une des originalités du récit de Tournier, par rapport à ses prédécesseurs, Defoe et les autres, est l'invention de la souille [3]. Or celle-ci n'est pas seulement un contenu romanesque nouveau ; elle est aussi le principe d'une organisation nouvelle du récit. En trois temps : avant l'administration, « l'île administrée », après l'administration.

Pourquoi l'ensemble a-t-il alors « une allure dialectique » ? Il faut expliquer ce dernier terme. Pour certains philosophes comme Hegel (1770-1831), une histoire est dialectique si ses phases successives se contredisent, s'opposent et si leur opposition permet un progrès. Ainsi l'administration de l'île dit non à l'abandon désespéré dans la souille, puis la vie nouvelle, faite d'accords avec les éléments naturels, refuse à la fois la souille et l'administration.

● *Un processus circulaire*

Le découpage binaire, opéré par Michel Tournier, pour organiser son travail, et *le déroulement ternaire* des aventures de Robinson, se compliquent d'*un mouvement circulaire.* L'île a quelque chose d'un cercle ; en tout cas elle peut donner le sentiment que, comme on dit, on y tourne en rond. L'attachement réciproque de Vendredi et de

1. Remarquons que pour les musiciens la « forme sonate » est une structure ternaire à deux thèmes.
2. *Le vent Paraclet,* p. 233.
3. Voir ci-dessus, p. 45.

Robinson, tel que chacun aime l'autre en soi, soi en l'autre, saisit l'autre comme son jumeau, « évoque le symbole du serpent qui se mord la queue » (p. 229).

Les *retours* à l'enfance, ou, en tout cas, à des périodes antérieures sont fréquents ; il y a d'abord régression aux premières années dans la souille, utilisation des enseignements autrefois reçus dans l'administration et le travail ; puis naît le sentiment de revenir au ventre maternel dans la grotte, une restauration de l'enfance dans la phase finale, ses extases solaires, ses rêves de vol, représentation parodique de leur vie d'autrefois par les deux compagnons, répétition inversée avec le petit mousse de la relation avec Vendredi. Et le récit s'achève sur une renaissance du naufragé.

Le temps lui-même a cessé d'apparaître comme une ligne, où les phases présentes tendent, en se bousculant, vers un avenir, et s'arrachent au passé, mais ressemble à un cercle, par le recommencement indéfini du même instant de bonheur, valant pour lui-même, se redisant dans une sorte de présent éternel, et de jouissance immobile : « Le cycle s'est rétréci au point qu'il se confond avec l'instant. Le mouvement circulaire est devenu si rapide qu'il ne se distingue plus de l'immobilité » (p. 219).

Ces mouvements circulaires ou répétitifs peuvent laisser penser que rien de nouveau ne saurait survenir. N'est-ce pas ce que suggère, au début du roman, le texte imprimé en italique (p. 7-14) ? Il annonce à l'avance le reste de l'œuvre. Le capitaine Pieter Van Deyssel tire avec un jeu de tarots les cartes à Robinson et semble déjà lire son avenir. Rappelons que ceci se passe pendant la nuit du naufrage de *la Virginie*. Les correspondances entre ce que révèlent les cartes et ce qui arrivera ensuite à Robinson ne sont pas difficiles à apercevoir. La première « figure un bateleur » qui « lutte contre un univers en désordre qu'il s'efforce de maîtriser avec des moyens de fortune » (p. 7). Une deuxième carte fait voir « un personnage portant couronne et sceptre debout sur un char »... Mars, qui « a triomphé par la force et impose autour de lui un ordre qui est à son image » (p. 8). Une troisième montre l'Hermite qui, dit le capitaine, « s'est retiré au fond d'une grotte pour y retrouver sa source originelle »

(p. 8). Sur une quatrième carte, « Vénus en personne émerge des eaux » ; sur une cinquième, « Vénus transformée en ange ailé envoie des flèches vers le soleil » (p. 9). Le lecteur se rendra facilement compte, en lisant la suite du roman, que toutes les cartes semblent prédire l'avenir de Robinson sur l'île. Jusqu'à la dernière montrant Jupiter : « Il s'incarne dans un enfant d'or, issu des entrailles de la terre - comme une pépite arrachée à la mine -, qui vous rend les clefs de la Cité solaire » (p. 13).

Les *crises* et le *mouvement ternaire* de l'histoire montrent que Robinson avait à rompre avec son existence passée pour espérer accéder à une autre forme de vie : pas de progrès envisageable sans arrachement à ce qui fut.

Pas de progrès non plus qui n'inclue un retour au bonheur de l'enfance, à la mère, à la douceur des Éléments naturels, à l'innocence perdue des premiers âges. C'est ce que suggèrent les *processus circulaires.*

Les structures mettent donc en lumière, dans leur complexité, *l'ambiguïté de l'itinéraire de Robinson* : il avance en se coupant de son passé mais aussi en revenant à une origine plus ancienne, toujours plus ancienne. Dans la souille, il se souvient de sa jeunesse, du magasin de son père ; dans la grotte, il pense réintégrer le ventre maternel ; pendant ses extases solaires, il s'unit aux Éléments du monde ou à un Élément primordial.

La diversité des structures et l'ambiguïté du contenu contribuent au caractère insolite du roman.

GENRE LITTÉRAIRE

Peut-on, pour autant, le classer dans ce qu'on appelle la littérature fantastique ?

J.-B. Baronian le pense et fait une place à *Vendredi*, ainsi qu'aux autres romans de Michel Tournier, dans son *Panorama de la littérature fantastique de langue française* [1]. Mais il précise qu'il s'agit pour lui d'un fantastique

---

1. Publié aux éditions Stock, en 1978 ; voir p. 300-303.

nouveau, d'une espèce particulière dans le genre. Elle se caractériserait par un recours au mythe, plus précisément par le renouvellement et la revitalisation d'un mythe ancien : « Littérature mythologique, fantastique de demain ? »

Pourtant Michel Tournier lui-même a refusé cette classification de ses œuvres : « Il a toujours été hors de question pour moi de verser dans le genre fantastique. »[1] Et l'on ne voit pas clairement ce qui vient justifier chez Jean-Baptiste Baronian l'identification du mythe au récit fantastique. Car *Robinson* est devenu un mythe, rappelons-le, parce que, né d'une imagination individuelle, il a suscité les rêves de tous les membres d'une communauté. Il est entré ainsi en quelque sorte dans l'imagination collective ; il est devenu ce « bain d'images » dans lequel vivent les représentants d'une même culture. Mais, justement, ce faisant, il a perdu l'inquiétante étrangeté des histoires fantastiques.

On sait ce qui caractérise de telles histoires :

Un événement insolite vient perturber le cours habituel du monde réel. Le lecteur s'interroge : cet événement peut-il avoir une explication rationnelle, ou suppose-t-il l'intervention de forces surnaturelles et inconnues ? Le sentiment du fantastique, comme l'a montré Tvetan Todorov[2], vient de ce que le lecteur hésite, n'arrive pas à répondre : « Le fantastique occupe le temps de cette incertitude ; dès qu'on choisit l'une ou l'autre réponse, on quitte le fantastique pour entrer dans un genre voisin, l'étrange ou le merveilleux. »

Or *Vendredi* ne peut susciter de tels doutes chez son lecteur. Celui-ci est conduit, certes, à se poser des questions.

Mais ce ne sont pas les mêmes que celles suscitées par le récit fantastique. Elles portent sur la signification du récit ; elles sont provoquées par son ambiguïté philosophique, par la pluralité des interprétations possibles de l'histoire[3].

---

1. *Le vent Paraclet*, p. 114.
2. Tvetan Todorov, *Introduction à la littérature fantastique*, Paris, le Seuil, 1970, p. 29.
3. Voir ci-dessus, p. 39.

En ce sens, les romans de Michel Tournier font plutôt penser à des *contes,* comme l'auteur lui-même le suggère parfois. Car le conte contient aussi une philosophie « noyée dans la masse de l'affabulation et donc indéchiffrable »[1]. Et toutes les invraisemblances y sont permises à l'auteur, « à la seule condition que la complicité du lecteur »[2] lui soit acquise. Ainsi le lecteur de *Barbe-Bleue* ne s'étonne pas de voir le terrible héros confier, avant de partir, toutes ses clefs à sa femme, et lui interdire d'utiliser celle qui ouvre la porte du cabinet noir. De même le lecteur de *Vendredi* n'est pas du tout ébahi par les comportements, pourtant souvent insolites, des deux compagnons : les goûts de l'Indien pour le vol, le vent, les pratiques sexuelles de Robinson, ses copulations avec la terre, semblent aller de soi. Même des événements très étranges, à la limite du fantastique (comme la tache de sang qui, dans *Barbe-Bleue,* réapparaît après avoir été lavée, ou la naissance des mandragores[3] dans *Vendredi*), sont acceptés sans sourciller par le lecteur. La docilité du lecteur des contes, prêt à tout accepter sans surprise, l'oppose aux inquiétudes et peurs du lecteur de récit fantastique.

Vendredi pourrait être considéré comme un conte si l'on négligeait ce caractère essentiel : le conte est une histoire courte. Ce qui entraîne une conséquence importante : le conte contient *une seule* signification philosophique ou morale cachée (une « instruction cachée », disait Perrault) ; le roman, par sa longueur même, en porte toujours *un grand nombre,* comme nous l'avons vu en réfléchissant sur quelques-unes des lectures possibles de *Vendredi.* L'œuvre de Michel Tournier tiendrait donc à la fois du conte et du roman. Michel Tournier se rapproche plus du conte proprement dit dans la version pour enfants : *Vendredi ou la vie sauvage. Vendredi ou les limbes du Pacifique* échappe aux classifications littéraires existantes : c'est un roman-conte.

1. *Le vol du vampire,* p. 37.
2. *Ibid.,* p. 38.
3. J.-K. Huysmans (1848-1907) caractérise ainsi la mandragore (plante imaginaire, bien sûr) dans son roman *la Cathédrale* : « Plante chaude et aqueuse, qui se peut assimiler à l'être humain dont elle singe la ressemblance. »

« Vendredi » dans l'ensemble de l'œuvre 6

Nous allons voir que dans les trois grands romans publiés à ce jour [1] par Michel Tournier les mêmes *thèmes* et des *structures* analogues se retrouvent. Des événements très variés sont pris dans la même architecture.

BREFS RÉSUMÉS

● *Le Roi des Aulnes*

Un garagiste du quartier des Ternes à Paris, Abel Tiffauges, se prenait pour un ogre. La belle affaire, dira-t-on, il était « fou ». Et, certes, seule une « folie raisonneuse et systématique » [2] lui permettait de croire en sa vocation « monstrueuse et féerique », d'en lire partout les signes, à commencer par sa propre énormité physique.

Mais, demandera-t-on, qu'est-ce qu'un Ogre ? C'est d'abord, on le sait, au moins depuis la lecture du *Petit Poucet*, un amateur de « chair fraîche », de chair d'enfants. Notre garagiste rêvait-il de les dévorer ? Non, il était un Ogre d'une autre espèce, un Ogre « phorique » (du grec *phorein* : porter) : son plaisir était d'emmener les enfants avec lui, de les tenir dans ses bras, de les jucher sur ses épaules, de sentir leur parfum, de toucher leur peau douce.

1. *Vendredi ou les limbes du Pacifique*, Folio, 959, *Le Roi des Aulnes*, Folio, 656, *Les Météores*, Folio, 905.
2. *Le vent Paraclet*, p. 116.

Un Ogre pédéraste alors? Certes, mais à condition d'ajouter que ses goûts ne le poussaient pas à des actes vraiment sexuels, mais plutôt, selon le mot de Michel Tournier, « pré-sexuels » [1]. Il se contentait de contacts, de perceptions olfactives, de brefs touchers.

La guerre de 1939-1945 commence : la vie rêveuse d'Abel Tiffauges va se trouver transformée. Il est, en effet, emmené en captivité en Allemagne. « Mais alors que ses compagnons sont accablés par cette plaine infinie et désolée, Tiffauges y voit la terre magique qu'il attendait, et il éprouve une étrange libération dans sa captivité. Deux Ogres majeurs règnent déjà sur ses forêts et sur ses marécages : Göring, l'Ogre de Rominten, grand tueur de cerfs et mangeur de venaison, et Hitler, l'Ogre de Rastenbourg, qui pétrit sa chair à canons avec les enfants allemands. » [2] Tiffauges s'identifie à eux, croit voir en eux la réalisation de sa propre vocation ogresse, et devient « l'Ogre de Kaltenborn », une forteresse où sont dressés les jeunes garçons appelés à fournir l'élite du IIIe Reich. C'est-à-dire qu'il parcourt la région à cheval et ramène les enfants qui lui semblent dignes d'être élevés à la forteresse-école. Il ressemble alors au héros d'une ballade célèbre de Goethe, « le Roi des Aulnes », qui tentait de séduire un enfant porté par son père, et ne l'arrachait à celui-ci qu'en le tuant.

Mais l'Allemagne est vaincue. C'est la débâcle. Tiffauges, fuyant, rencontre sur son chemin un jeune juif, Éphraïm, échappé des camps de concentration. Il charge l'enfant sur ses épaules, s'aperçoit alors de son erreur : sa véritable vocation a été détournée par les nazis ; il s'était reconnu à tort dans l'Ogre destructeur et sanguinaire. Il redevient l'Ogre porteur, « phorique », qu'il avait toujours rêvé d'être, traverse l'Allemagne, Ephraïm juché sur lui. Mais il s'enfonce dans une lande bourbeuse, sentant l'enfant « si mince, si diaphane, pourtant, peser sur lui comme une masse de plomb ». Et il meurt, englouti par la Terre-mère.

---

1. *Le vent Paraclet*, p. 121.
2. Présentation du roman dans l'édition Folio.

Jean et Paul sont des jumeaux si attachés l'un à l'autre qu'on les croirait ne formant plus qu'un seul corps, et qu'on appelle leur couple Jean-Paul. Chacun n'aime que soi-même en l'autre, l'autre en soi-même, par une sorte de *sexualité circulaire,* à la fois incestueuse et homosexuelle. C'est la « cellule gémellaire », fermée comme un œuf. Mais une insatisfaction vient habiter Jean, car il a le sentiment que chacun vole à l'autre son propre moi. Il décide alors de se marier, projet que Paul fait échouer. Désespéré, Jean prend la fuite. Paul se lance à sa poursuite, parcourt le monde, va, sans jamais retrouver son frère, à Venise, à Djerba, en Islande, au Japon, au Canada, à Berlin enfin. Là il est écrasé par des éboulis, au moment où, suivant un passage souterrain, il cherche à gagner l'ouest de la cité, coupée en deux par ce qu'on a appelé « le mur de la Honte » (édifié en 1961 par les Russes entre les deux parties de l'ancienne capitale allemande). Lui qui se sentait, en quelque sorte, amputé de son jumeau, se retrouve amputé physiquement. Il est désormais infirme, réduit à n'exister, immobile, qu'en un point limité. Mais il lui semble alors que son âme *se déploie,* épouse le mouvement des vents, des souffles de l'air, *des phénomènes météorologiques,* s'ouvre à l'espace du monde. Son voyage l'a donc *initié* à un nouveau mode d'existence.

Les deux frères ont un « oncle scandaleux », Alexandre, figure centrale de la première moitié du roman. Scandaleux, il l'est d'abord par ses mœurs d'homosexuel, sans cesse à la recherche de « jeunes proies », ensuite par son goût pour les dépôts d'ordures. En effet, directeur d'une entreprise de collection et de traitement des décharges publiques, il dissimule sous son élégance raffinée de « dandy des gadoues » son attrait pour les déchets. Ceux-ci ne sont-ils pas comme les homosexuels rejetés par la société ? L'oncle Alexandre meurt assassiné par un de ses partenaires amoureux, avant que ses deux neveux ne se séparent. Solitaire, il était fasciné par le couple très uni qu'ils formaient et trouvait peut-être en ses amants un équivalent ou un substitut du frère jumeau qu'il n'avait pas eu : « Car il est singulier, étant né sans frère jumeau. Mais il refuse sa condition et revendique des privilèges gémellaires. »[1]

STRUCTURES ANALOGUES

Ces brefs résumés révèlent que les trois récits ont la même organisation d'ensemble, la même architecture.

● *Découpage binaire*

Nous l'avions vu pour *Vendredi*, une *crise* centrale coupe l'histoire en deux versants opposés, crise provoquée par la déflagration qui détruit les installations de Robinson, comme dans *le Roi des Aulnes* par la déclaration de guerre (selon une indication fournie par Michel Tournier lui-même) et dans *les Météores* par la fuite de Jean, brisant la « cellule gémellaire » et déclenchant l'immense « voyage initiatique » de Paul. On peut dresser le tableau suivant :

ŒUVRES	PREMIÈRE PARTIE	CRISE	DEUXIÈME PARTIE
Vendredi	L'île administrée contre la souille, la grotte, la « sauvagerie » de Vendredi	Explosion	La « vie nouvelle »
Roi des Aulnes	L'Ogre « phorique »	Déclaration de guerre	L'Ogre nazi
Météores	« L'intimité gémellaire »	Fuite de Jean	Recherche de Jean par Paul

● *Mouvement ternaire*

Mais la première partie dans *Vendredi*, la seconde dans les autres romans, se décompose en deux phases opposées. Ce qui permet d'ordonner les récits en *trois moments* qui

1. *Le vent Paraclet*, p. 259.

s'opposent successivement, dans une progression, dit Michel Tournier, « d'allure dialectique ». L'île administrée est refus de la souille, la « vie nouvelle » est refus de l'île administrée, du travail. L'Ogre nazi, destructeur, contredit la tendre sensualité de l'Ogre bon, porteur, « phorique », puis la prise en charge d'Éphraïm contredit la violence nazie. Le nomadisme du voyage de Paul, cherchant en vain son frère, suppose une rupture avec la sédentarité heureuse de « l'intimité gémellaire » ; puis l'immobilité forcée de Paul, devenu infirme, suppose la fin du voyage, ou son remplacement par un voyage sur place, celui de « l'âme déployée », s'imaginant à l'unisson des souffles, des vents, des tourbillons qui passent entre ciel et terre. Résumons en un seul tableau ces correspondances :

	PREMIER MOMENT	DEUXIÈME MOMENT	TROISIÈME MOMENT
Vendredi	Avant l'administration : projets d'évasion, souille	L'île administrée	Après l'administration
Roi des Aulnes	Ogre « phorique » : ses rêves	L'Ogre destructeur	L'Ogre phorique : réalisation des rêves
Météores	Sédentarité : « cellule gémellaire »	Nomadisme	Sédentarité : voyage sur place

● *Processus circulaire*

Finalement chaque héros réalise ce pour quoi il semblait fait dès le début, par *un mouvement en quelque sorte circulaire* du récit : ce qui était annoncé dans les prédictions du capitaine Van Deyssel, pour Robinson ; ce qui était inscrit dans les rêves fous d'Abel et dans les signes où il croyait reconnaître des messages du destin et des confirmations de sa vocation surnaturelle (par exemple, alors qu'il devait comparaître devant le conseil de discipline de son école, il fit des vœux pour que celle-ci brûlât, *et l'incendie libérateur eut lieu*) ; ce qui pouvait sembler programmé dans l'hérédité des jumeaux (condamnés à vivre ensemble, ou, en cas de « trahison » de l'un d'entre eux, à se trouver des équivalents du « bonheur gémellaire » : Paul, infirme à la fin, mais se sentant alors à l'unisson des phénomènes météorologiques, ne devient-il pas, pour reprendre l'expression d'un critique, « un frère jumeau du monde » ?).

Mais il le réalise toujours dans l'échec : contraint à une solitude qui peut se partager mais non se vaincre complètement (Robinson), mort (Tiffauges), infirme (Paul). On a l'impression qu'est atteint, à chaque fois, *un bonheur douloureux.* Que signifie-t-il ? Une réflexion sur les thèmes permettra peut-être de répondre.

Une dernière question à propos des structures : ne faut-il pas aussi les interpréter ? La première (découpage binaire) semble dire la *rupture* brutale avec le monde ancien, avec le vieil ordre. La deuxième (mouvement ternaire) présente cette rupture comme un *progrès possible,* un progrès il est vrai chèrement payé (isolement définitif, mort, infirmité). La troisième (mouvement circulaire) invite à voir en ce progrès *l'accomplissement* du destin, déjà prédit (Robinson), pressenti (Tiffauges), inscrit dans l'hérédité (les jumeaux), destin avec lequel désormais le héros se sent en accord personnel.

L'analyse des *thèmes* confirmera peut-être cette interprétation trop rapide de l'architecture.

THÈMES COMMUNS

On a facilement l'impression, en passant d'un roman à un autre, qu'ils nous content au fond, malgré leurs importantes différences, la même histoire, celle d'abord d'une *solitude* jamais tout à fait dépassable. Histoire banale, dira-t-on, dans la littérature contemporaine, thème éculé, mais que Michel Tournier traite de manière originale.

- D'abord, il pousse la solitude en quelque sorte à son degré extrême. Qui peut être *plus seul* que le naufragé sur son île, un homme se croyant la vocation monstrueuse d'un Ogre, un jumeau n'existant que par et pour son frère, voyant celui-ci s'en aller, n'arrivant pas à le retrouver ?

- Ensuite, la solitude est si radicale qu'on ne peut *l'expliquer* seulement par des considérations *psychologiques* (en faire, par exemple, comme Deleuze, dans la postface de *Vendredi*, un effet de la « perversion ») ou *sociologiques* (le repli des individus sur eux-mêmes dans les modernes sociétés industrielles). En fait, Tournier ne décrit pas ce qui se passe chez tel ou tel type d'individu, dans telle ou telle société. Il fait une sorte d'expérimentation imaginaire. Il construit la fiction d'une solitude totale, et essaie de se représenter ce qui pourrait en résulter.

- Enfin, une telle solitude ne saurait *se dépasser* par des *moyens ordinaires*. On cherchera ainsi à la surmonter par la rencontre de doubles, de jumeaux. Mais *les Météores* nous font voir que la gémellité à laquelle Robinson rêvait, dans sa relation de fraternité avec Vendredi [1], cette gémellité qui fascinait Abel Tiffauges [2], ne permet le rapport à autrui qu'au prix d'une dissolution de chaque moi en l'autre ; cette gémellité ne protège donc de l'absence de l'autre que par un certain oubli de ce que chaque moi a de distinct.

- Une autre issue possible : compenser la séparation avec autrui par *une divinisation de la Nature,* telle que l'autre soit aimé en tant qu'il est aussi une partie et une expression de cette Nature. Découvrir ainsi une fraternité plus fondamentale que la simple gémellité : la fraternité de chacun avec le Monde. Mais peut-on faire plus que de rêver d'elle de manière utopique (l'île a toujours été le lieu favori des utopies) ? Les romans de Michel Tournier semblent nés de cette interrogation.

---

1. *Vendredi*, p. 191, p. 231.
2. *Le roi des Aulnes*, p. 227, p. 445.

Michel Tournier explique lui-même que tout ce qu'il a publié « découle secrètement et indirectement de Platon, d'Aristote, de Spinoza, de Leibniz et de quelques autres »[1].

Plusieurs problèmes se posent alors : de quelles philosophies, d'abord, notre roman dérive-t-il ? Pourquoi, ensuite, sont-elles multiples ? Comment interviennent-elles, enfin, dans le contenu du récit ?

LES DOCTRINES MÈRES

Vendredi semble être né principalement des conceptions des stoïciens, de Spinoza, de Leibniz, de Nietzsche, de Bachelard.

1. Les stoïciens[2] pensaient que la Nature est un Destin. Comme le souligne Michel Tournier, le destin est « un enchaînement nécessaire et inconnu des événements »[3]. Les hommes sont sans prise sur lui. Leur bonheur est alors d'accorder leurs aspirations à son cours inéluctable.

Robinson accède, semble-t-il, à un tel bonheur : il a *subi,* comme un destin, le naufrage, la solitude, sa propre métamorphose, la rencontre de Vendredi, la cohabitation avec celui-ci, la destruction de ses installations, la « nécessité fatidique en marche depuis le naufrage de *la Virginie* »

---

1. *Le vol du vampire,* p. 382.
2. Le stoïcisme fut fondé par le Grec Zénon de Cittium (336-264 av. J.-C.).
3. *Le vent Paraclet,* p. 241.

(p. 220). Mais il finit par donner son adhésion au processus inexorable que le capitaine Van Deyssel avait, d'ailleurs, prédit ; et il *choisit* de rester sur l'île.

2. Selon Spinoza (1632-1677), philosophe hollandais, Dieu n'est pas un être extérieur ou supérieur à la Nature. Il est la Nature elle-même.

Robinson ne paraît-il pas s'inspirer d'une telle doctrine quand il voue un culte au soleil et aux éléments naturels ?

3. Leibniz (1646-1716) pensait que l'univers est fait de substances simples, toutes douées de pensée, qu'il appelait des monades. Celles-ci peuvent s'entendre sans s'adresser directement les unes aux autres : elles expriment toutes en effet le Monde, chacune de son point de vue. Elles sont comme des musiciens qui s'accordent sans se parler parce qu'ils jouent la même partition. Dieu, tel un chef d'orchestre suprême, organise l'harmonie de tous les êtres.

Ne retrouve-t-on pas un écho de ces conceptions dans la relation finale de Vendredi et de Robinson ? Ils vivent à l'unisson sans avoir besoin de se parler, jouissant ensemble de la douceur des éléments naturels.

4. Nietzsche (1844-1900), évangéliste à rebours, se chargea d'enseigner aux hommes la bonne nouvelle : les religions sont en voie d'effondrement ! Dieu est mort ! Surtout il voulut qu'on en tire toutes les conséquences, ce que ses contemporains ne faisaient pas : ils pleuraient le Père mort, ils avaient l'athéisme triste.

Si Dieu n'existe pas, il n'y a pas d'autre monde que celui-ci où nous vivons. Affirmons, alors, sa valeur, sans rien retrancher. Sacralisons-le, disons-lui « oui en paroles et en actes [1] », joyeusement.

Vendredi n'est-il pas d'abord l'incarnation parfaite de cette acceptation heureuse de la vie ? Sa légèreté, son goût du vol et de la danse, ne viennent-ils pas de ce qu'il ne sent plus peser sur lui la crainte du royaume de Dieu ?

Nous n'avons pas la place d'expliciter tout ce que le récit doit aux conceptions du célèbre philosophe allemand. Le lecteur pourra en particulier réfléchir sur la

---

1. F. Nietzsche, *La Volonté de puissance*, t. II, l. IV, § 360, Gallimard, 1948.

correspondance entre les trois moments de l'itinéraire du naufragé [1] et ce que Nietzsche appelait les « trois métamorphoses de l'esprit [2] ».

5. Le philosophe contemporain Gaston Bachelard, dont nous avons vu l'importance qu'il eut pour Michel Tournier [3], proposa l'hypothèse suivante : les quatre éléments fondamentaux, constitutifs pour certains penseurs anciens de l'Univers (l'eau, l'air, la terre, le feu), sont les sources de l'imagination créatrice des poètes. Chaque poète a son élément de prédilection qui devient le point de départ de ses rêveries.

Or, Robinson entend placer la vie nouvelle avant tout dans une « communion avec des éléments » (p. 226). Et il tente d'accéder à celle-ci par des activités elles-mêmes « élémentaires » : s'exposer, nu, aux rayons du soleil, ou, à la manière de Vendredi, que l'air fascine, faire voler des galets, planer des cerfs-volants, écouter la musique du vent. L'air et le feu sont, aussi, des excitants de l'imagination. Ainsi Vendredi ne pense qu'à s'envoler, « se transformer en papillon » (p. 160), et Robinson se rêve comme une « flèche dardée » vers l'astre diurne, une « épée trempée » (p. 218) dans sa flamme, etc.

MULTIPLICITÉ ET CONVERGENCE DES DOCTRINES

Les stoïciens, Spinoza, Leibniz, Nietzsche, Bachelard, affirmant ainsi des doctrines très diverses, fût-ce de manière indirecte, par le biais d'un récit, n'est-ce pas une façon de les refuser toutes ? Peut-on exprimer en même temps plusieurs philosophies ? Ne cesse-t-on pas alors d'être soi-même un philosophe ?

Ou encore, pour poser autrement la question : y a-t-il *une* philosophie de Michel Tournier ? Il se réclame parfois

1. Cf. ci-dessus, p. 60.
2. F. Nietzsche, *Ainsi parlait Zarathoustra*, l. I, ch. 1.
3. Voir p. 11.

du *naturalisme mystique.* C'est-à-dire d'une conception qui divinise la Nature elle-même, et non un autre monde, un au-delà, mais la Nature tout entière, sous ses aspects les plus contraires : car « Tout est beau, même la laideur, tout est sacré, même la boue [1] ». Même la mare fangeuse où sa détresse conduit Robinson, même les excréments collés à sa peau ; même la mort qui s'oppose, certes, à la vie, et, pourtant, est aussi la condition du renouvellement continuel des espèces, des organismes, des individus : la condition de la vie universelle qui a besoin, pour se transformer sans cesse, de la disparition de ce qui fut. Cette solidarité de la vie et de la mort est d'ailleurs affirmée par Robinson lui-même : le désir sexuel n'est-il pas à la fois force de vie et recherche d'une volupté où chacun s'anéantit en s'unissant à l'autre ? (p. 129-130).

De surcroît, les doctrines multiples dont le récit semble dériver pourraient trouver, par-delà leur variété, un point de convergence, un terrain de rencontre, dans la religion de la Nature. Celle-ci s'accorde facilement à la conception stoïcienne du destin, à la théorie, spinoziste d'un Dieu immanent, leibnizienne de l'harmonie des êtres dans l'univers ; elle correspond aussi à la conception nietzschéenne de l'affirmation de la vie, à l'idée bachelardienne d'une rêverie suscitée par les éléments du monde.

Une question se pose : le roman ne risque-t-il pas de n'apparaître que comme le moyen d'illustrer une théorie du réel ?

LES DOCTRINES ET LE RÉCIT

Il ne serait alors qu'un « roman à thèse ». Or « le roman, écrit Michel Tournier, peut certes contenir une thèse, mais il importe que ce soit le lecteur, non l'écrivain qui l'y ait mise [2] ».

La philosophie de *Vendredi,* en fait, nous l'avons déjà dit, ne se trouve pas dans l'affirmation d'une doctrine.

---

1. *Des clefs et des serrures,* p. 194.
2. *Le vol du vampire,* p. 14.

Elle revêt plutôt la forme d'une interrogation, d'une succession de questions liées les unes aux autres[1] : quels sont les effets de l'absence d'autrui ? Peut-on remplacer l'autre homme ? Par quoi ou par qui ?

Par la Nature que chante, pour sa beauté d'abord, celui qui voue un culte au Monde dans lequel nous vivons ?

Mais peut-on véritablement espérer compenser *l'absence* d'autrui par *la présence* d'un Monde enveloppant et comme maternel ? La solitude serait vaincue si nous en étions tous les produits, les miroirs, les expressions, si son unité nous portait et nous liait.

Seulement le monde a-t-il vraiment une unité ? Les stoïciens, Spinoza, Leibniz, y ont cru. Mais que reste-t-il d'une telle unité pour celui qui n'espère plus en un Dieu capable d'harmoniser les parties du réel et de les accorder les unes aux autres ?

Le monde lui-même n'est plus : du moins le monde comme ensemble cohérent. Ne restent que des Éléments sans lien. Peut-on s'en contenter, se borner à chercher leur douceur, la caresse du vent, ou, comme Robinson, la tendre morsure du Soleil ?

Le roman ne le dit pas. Il nous laisse aux questions qui l'ont suscité et aux rêves qu'il contient.

L'originalité de Michel Tournier n'est pas dans ce questionnement même qui parcourt la littérature et la pensée contemporaine. Elle est de le formuler dans un récit si structuré qu'il semble conférer un ordre presque classique à des angoisses très modernes. Les structures masquent et même apaisent l'inquiétude des interrogations. On peut le regretter, certes, préférer une écriture plus immédiatement violente ou plus fragmentée. Mais n'est-ce pas une des fonctions essentielles de l'*art* ? Grâce à celui-ci, selon la belle formule d'André Malraux, l'homme parvient à « donner forme à ce qui l'écrase », et ainsi « cesse d'en être écrasé »[2].

1. Voir plus haut, p. 36.
2. André Malraux, *La métamorphose des dieux*, Gallimard, 1957, p. 62.

Index des thèmes

COLLECTION PROFIL

ACHEVÉ D'IMPRIMER
LE 24 MAI 1984
SUR LES PRESSES DE
L'IMPRIMERIE HÉRISSEY
A ÉVREUX (EURE)

N° d'imprimeur : 34648
Dépôt légal : 7080 - Juin 1984